Antropologia do amor

Do Oriente ao Ocidente

Josefina Pimenta Lobato

Antropologia do amor
Do Oriente ao Ocidente

1ª reimpressão

autêntica

Copyright © 2012 Josefina Pimenta Lobato
Copyright © 2012 Autêntica Editora

Todos os direitos reservados pela Autêntica Editora. Nenhuma parte desta publicação poderá ser reproduzida, seja por meios mecânicos, eletrônicos, seja via cópia xerográfica, sem a autorização prévia da Editora.

Esta é uma versão revisada e modificada de obra publicada anteriormente.

EDITORA RESPONSÁVEL
Rejane Dias

REVISÃO
Isadora Rodrigues
Cecília Martins

PROJETO GRÁFICO DE CAPA
Diogo Droschi

DIAGRAMAÇÃO
Christiane Morais de Oliveira

Dados Internacionais de Catalogação na Publicação (CIP)
(Câmara Brasileira do Livro, SP, Brasil)

Lobato, Josefina Pimenta
   Antropologia do amor : do Oriente ao Ocidente / Josefina Pimenta Lobato . – 1.ed.; 1. reimp. – Belo Horizonte : Autêntica Editora, 2019.

   ISBN 978-85-65381-29-1

   1. Amor 2. Antropologia social I. Título.

11-14370   CDD-128.4

Índices para catálogo sistemático:
1. Amor : Antropologia social 128.4

GRUPO **AUTÊNTICA**

Belo Horizonte
Rua Carlos Turner, 420
Silveira . 31140-520
Belo Horizonte . MG
Tel.: (55 31) 3465 4500

São Paulo
Av. Paulista, 2.073 . Conjunto Nacional . Horsa I
23º andar . Conj. 2310-2312 . Cerqueira César
01311-940 . São Paulo . SP
Tel.: (55 11) 3034 4468

www.grupoautentica.com.br

SUMÁRIO

Apresentação – *Rita Laura Segato*..................................... 7

Introdução... 9

O debate sobre a origem do amor romântico.................... 13
   A reivindicação do amor romântico como uma invenção do Ocidente.. 13
   Proposições relativas à universalidade do amor romântico........... 19
   Polêmicas sobre a existência do amor romântico na China.......... 21
   Uma abordagem alternativa: amores disciplinados e amores domesticados.. 27

A celebração do amor no século XII............................... 33
   O amor cortês e a lírica árabe...................................... 33
   Tristão e Isolda: a força irreprimível do amor no contexto europeu.... 44
   Layla e Majnun: o amor "fora-do-mundo" na visão de mundo islâmica... 50
   Krshna e Radha: o amor-divino na Índia hindu.................... 58

O amor disciplinado no contexto indiano.......................... 69
   A integração entre o corporal e o espiritual na expressão do amor disciplinado... 69
   Erotismo, ascetismo e o amor disciplinado....................... 78
   Indisciplina destrutiva do amor conjugal apaixonado............. 84
   A destrutividade do amor adúltero................................ 85
   Devoção, autossacrifício e poder.................................. 89
   Construindo o amor disciplinado................................... 94

O amor domesticado no mundo dos indivíduos.................. 101
   O amor como prelúdio ao casamento............................. 101
   Romeu e Julieta e a subversão domesticada do amor............. 103
   A dupla domesticação do amor em *Pamela*...................... 110
   O amor como fundamento do casamento........................ 123
   Domesticação do amor adúltero................................... 127

Referências... 131

Apresentação

Rita Laura Segato[1]

O original estudo de Josefina Pimenta Lobato sobre as variadas formas da relação entre o sentimento amoroso e o vínculo conjugal em diferentes civilizações tem uma virtude pouco usual nas produções acadêmicas de anos recentes no Brasil. A abrangência das fontes em que se apoia, que representam uma grande diversidade de tradições de pensamento, assim como uma impecável atualidade, faz desse estudo uma contribuição que vai muito além do interesse meramente local para situar-se entre as obras de escopo universal.

Se, de início, sua pergunta teve um claro cunho antropológico, pondo em evidência a excepcionalidade do Ocidente moderno ao representar a paixão amorosa como pivô da constituição familiar e, com isso, da organização social, os resultados da sua pesquisa em muito ultrapassam esse interesse acadêmico e oferecem uma orientação valiosa a todos aqueles que, mais dia, menos dia, são compelidos a indagar sobre a natureza da relação matrimonial.

Nada como o confronto com outras soluções humanas para dar-nos alívio em relação aos limites impostos pelo estreitamento do nosso próprio horizonte de cultura. Nada como o mergulho na variedade de respostas culturais para permitir-nos perceber com lucidez o caráter relativo e, portanto, circunstancial das respostas que nossa civilização oferece.

---

[1] Rita Laura Segato é PhD em Antropologia Social pela Queen's University of Belfast, Prof.ª no Departamento de Antropologia da Universidade de Brasília e pesquisadora do CNPq.

Trabalhando com inspirados conceitos como selvageria, domesticação e disciplinamento do amor, a autora não nega a universalidade da experiência da paixão amorosa, mas demonstra, de forma definitiva, como diversas tradições elaboram e dão sentido a essa experiência, fazendo-a jogar um papel diverso nos arranjos institucionais das respectivas sociedades. Por tudo isso, o leitor tem em suas mãos uma obra de rara erudição e capaz de oferecer pistas para dilemas tanto de ordem acadêmica quanto existencial.

Introdução

> *Com efeito, a pesquisa de campo, por onde começa toda carreira etnológica, é mãe e ama da dúvida, atitude filosófica por excelência. Essa dúvida antropológica não consiste unicamente em saber que não sabemos nada, mas em expor resolutamente o que acreditávamos saber, e até mesmo a nossa própria ignorância, aos insultos e aos desmentidos infligidos aos hábitos e ideias que nos são muito caros por aqueles hábitos e ideias que podem contradizê-los em seu mais alto grau.*
>
> Lévi-Strauss (1973, p. 37)

Até inícios da década de 1980, grande parte dos antropólogos acatava sem maiores objeções a concepção de que o amor romântico seria um sentimento requintado e raro, surgido em determinado momento da história do Ocidente. A partir dessa época, e de um ponto de vista diametralmente oposto, foram realizadas pesquisas que visavam averiguar a possível universalidade ou a quase universalidade desse tipo de amor. As posturas daí decorrentes são claramente antagônicas. A primeira, que pode ser designada particularista, afirma o caráter extraordinário das emoções associadas ao amor romântico, mas discerne apenas um vazio em sociedades em que existem experiências amorosas inegáveis, enquanto a segunda, que apresenta proposições universalistas generalizantes, reduz as manifestações de amor em diferentes culturas a um padrão único: o amor romântico.

A análise crítica desses dois posicionamentos evidenciou suas deficiências e expôs a necessidade de se construir um instrumental teórico que permitisse apreender as ideias, emoções e crenças próprias ao amor tal como ele se revela nas sociedades ocidentais e, ao mesmo tempo, realçar as que se ligam aos relacionamentos amorosos existentes em outros contextos culturais. Com esse propósito, construí dois conceitos: amor "domesticado" e amor "disciplinado", e uma noção, a de "selvageria", utilizada para qualificar o caráter arbitrário e irracional da paixão amorosa a ser disciplinada ou domesticada. Nesse sentido, amores disciplinados são aqueles nos quais a selvageria do amor passional é considerada inaceitável, devendo ser necessariamente contida para que a vida social se torne possível e sejam cumpridas as responsabilidades a ela concernentes. Os amores domesticados, por sua vez, são aqueles nos quais a selvageria do amor passional é glorificada e tida como essencial à felicidade, à autorrealização e ao engrandecimento pessoal, mesmo que, para isso, seja preciso confrontar as constrições impostas pela moral e pelas lealdades político-familiares.

Trilhando esse caminho, tomei como referência inicial os poemas de amor elaborados pelos trovadores que, no decorrer do século XII, divulgaram por toda a Europa o que se convencionou chamar de "amor cortês". Originários da região do Poitou e do Languedoc, sudoeste da França, esses poemas foram motivados e influenciados, em grande parte, pela lírica árabe, proveniente da Espanha mourisca e do Oriente Médio, já imbuída de influências iranianas e indianas. Ao me aprofundar na investigação das interconexões entre as produções poéticas e literárias do Oriente e do Ocidente, deparei-me com uma coincidência que me pareceu extremamente instigante: a da produção, nessa mesma época, das versões clássicas de três histórias de amor – *Tristão e Isolda*, *Layla e Majnun*, e *Gita Govinda* – que exerceram e continuam a exercer influência considerável sobre o imaginário amoroso dos povos do Ocidente, do Oriente Médio e da Índia.

A descoberta dessa inesperada coincidência me induziu a pesquisar a atmosfera própria a essas narrativas mítico-amorosas, a fim de captar seu apelo transcultural e, ao mesmo tempo, sua especificidade indiscutível. Por meio dessa investigação, pude constatar a existência de semelhanças na expressão do sentimento amoroso, apesar das diferenças consideráveis ligadas às condições e ao *locus* de sua manifestação. Se em *Tristão e Isolda* já se insinua a glorificação dos amores incontroláveis, transgressores, embora ainda marginais à vida social, a selvageria do amor em *Layla e Majnun* só encontra espaço "fora-do-mundo". O amor de Krishna e Radha, tematizado no *Gita Govinda,* ganha expressão na esfera do divino, na qual as convenções da vida terrena se encontram suspensas. Tais amores, contudo, por estarem situados seja à margem da vida social, como ocorre em *Tristão e Isolda,* seja fora-do-mundo, como em *Layla e Majnun,* ou na esfera do divino, no *Gita Govinda,* não nos oferecem acesso ao modo como se dá a gestão do "amor-no-mundo" em termos de disciplina ou de domesticação, embora já indiquem a incompatibilidade entre os amores arbitrários, que surgem aleatoriamente, de forma incontrolável, e a vida em sociedades holistas (denominação conferida por Dumont às sociedades nas quais os valores grupais se sobrepõem aos interesses individuais).

Para apreender o modo como se dá a gestão disciplinada do amor-no-mundo, centrei minha análise em um texto mítico-religioso indiano, o *Ramayana,* cujos personagens centrais, Rama e Sita, corporificam o comportamento amoroso considerado exemplar. Apesar de seus personagens serem divinizados, o amor que os une, ao contrário do de Krishna e Radha, no *Gita Govinda,* não se localiza na esfera do divino, mas em circunstâncias histórico-culturais delimitadas por papéis e obrigações ligadas ao gênero, à casta, ao parentesco e a considerações político-religiosas, que o situam concretamente "dentro-do-mundo". A esse amor disciplinado, paradigmático, opõem-se os amores "indisciplinados", que são execrados e tidos como intrinsecamente destrutivos por colocarem o *kama* (o desejo e o amor) em uma posição superior ao *dharma* (o dever e a moral). No que se refere ao processo de inserção do amor disciplinado na vida cotidiana, utilizei como imagem modelar o depoimento de duas jovens mulheres bengalis das castas mais elevadas de Calcutá, a respeito das emoções por elas vivenciadas em relação aos futuros cônjuges durante o período que antecedeu ao "casamento arranjado".

Por fim, procuro demonstrar a excepcionalidade e historicidade da noção de amor romântico, definida em função de um processo de domesticação, possível e viável apenas em contextos culturais dominados por valores "individualistas". Através do aprofundamento analítico desse processo, a domesticação foi tendo desdobramentos inesperados. Em *Romeu e Julieta*, de Shakespeare, o amor dissolve as clivagens delimitadas pelas lealdades de parentesco e corporificadas nas lutas faccionais, servindo, assim, ao advento de uma nova forma de integração social. Em outra de suas vertentes, cuja imagem paradigmática é constituída por *Pamela* de Richardson, ele ultrapassa as fronteiras das classes sociais. Nessa obra, a domesticação atua duplamente: como princípio que legitima a seleção conjugal, desvinculada das barreiras concernentes aos direitos e deveres ligados à posição de classe, e como elemento propulsor da domesticação da virilidade masculina e de sua adaptação a relações afetivas, vividas no âmbito doméstico em um ambiente de intimidade cotidiana.

O debate sobre a origem do amor romântico

> *Quando um costume exótico nos cativa, a despeito (ou por causa) de sua aparente singularidade, é que, geralmente, ele nos apresenta, como um espelho deformante, uma imagem familiar e que nós reconhecemos, confusamente, como tal, sem conseguir ainda identificá-la.*
>
> Lévi-Strauss (1976b, p. 275)

A reivindicação do amor romântico como uma invenção do Ocidente

A pressuposição de que o amor romântico seria um fenômeno peculiar ao mundo ocidental tem norteado as investigações antropológicas desde os seus primórdios. Ela remonta a Morgan, embasada, nesse caso, em uma perspectiva evolucionista e etnocêntrica da história humana, segundo a qual os povos primitivos[2] ou bárbaros seriam incapazes de vivenciar emoções mais refinadas, intensas e persistentes do que o mero desejo sexual. De acordo com sua opinião, proferida em 1877, "os povos bárbaros não conheciam o amor. Não poderiam experimentar sentimentos que são fruto da civilização e da sutileza que a acompanha" (1980, p. 219). O casamento entre

---

[2] O termo "primitivo", despojado das conotações que lhes eram outorgadas pelos evolucionistas, ainda continua a ser utilizado pelos antropólogos para designar os povos tribais, nativos da África, América, Austrália, Oceania e demais regiões que, por uma série de circunstâncias, conseguiram se manter relativamente isolados da corrente civilizatória, a exemplo do que ocorre, aqui no Brasil, com os indígenas do Parque do Xingu.

eles fundamentar-se-ia, assim, não no sentimento, mas na obrigação e na necessidade.

Cinquenta anos mais tarde, em 1928, Margaret Mead, referindo-se aos samoanos em particular, declara igualmente, embora não mais de um ponto de vista evolucionista, que "o amor romântico, tal como ocorre em nossa civilização, inextricavelmente ligado às ideias de monogamia, de exclusividade, de ciúmes e de uma fidelidade total, não ocorre em Samoa" (1974, p. 128). A inexistência de sentimentos associados ao amor romântico em Samoa não é enfocada, todavia, apenas em seus aspectos negativos. Se a consideração do casamento como "um arranjo social e econômico, no qual se deve ter em conta a riqueza relativa, a posição social e a perícia do esposo e da esposa", faz com que "a jovem samoana nunca saboreie as recompensas do amor romântico tal como nós o conhecemos", por outro lado, evita que ela passe pelos sofrimentos da "esposa frustrada num matrimônio que não satisfez suas elevadas exigências" (1974, p. 128 e 221). A ausência de uma adesão apaixonada a uma só pessoa, subjacente ao amor romântico, decorreria, a seu ver, da carência, no lar samoano, de fortes laços afetivos entre pais e filhos.

Nessa mesma linha de argumentação, Linton alega que pessoas educadas em grupos familiares extensos, com numerosos adultos em torno de si, seriam incapazes de desenvolver simpatias, afetos ou ódios fortes e duradouros. Dificilmente se poderia encontrar "em sua cultura padrões tais como os nossos conceitos de amor romântico ou da necessidade de descobrir o companheiro único, sem o qual a vida careceria de sentido" (1967, p. 10-11).

Posteriormente, referindo-se aos arapesh e mundugumor, melanésios da Nova Guiné, Mead já não sustenta nem nega a presença do amor romântico em suas vidas, apenas menciona a dissociação entre a paixão sexual e a afeição. No caso dos arapesh, por exemplo, a forte atração inerente à paixão, que surge entre pessoas estranhas de forma inesperada e incontrolável, é tida como incompatível com a afeição, que se desenvolve durante a convivência íntima do casal. Essa dissociação encontra-se também entre os mundugumor, mas lá, inversamente, "as aventuras amorosas dos jovens solteiros são inopinadas e altamente carregadas, caracterizadas mais pela paixão do que por carinho ou romance" (1969, p. 211).

Evans-Pritchard generaliza um pouco mais, ao asseverar que o amor romântico seria um sentimento desconhecido entre os povos primitivos. A seu ver, qualquer pessoa que conviva com algum desses povos "logo descobrirá que, ainda que entre eles o amor sexual se manifeste com profusão, é raro existir um sentimento correspondente ao que entendemos por amor romântico". Diferentemente dos jovens do mundo ocidental, condicionados, "pela poesia, teatro, romance, jornais, cinema, rádio, televisão e publicidade, a admitir que o amor romântico deve preceder o casamento, que ele o precede de fato e que ele é sua única justificação" (1971, p. 40), os jovens das sociedades primitivas têm dificuldade em compreender o significado desse tipo de amor e o seu papel no casamento. Se, por um lado, a ausência de demandas e de anseios amorosos no relacionamento entre homens e mulheres faz com que as relações sexuais e matrimoniais entre eles pareçam a um europeu privadas "de um refinamento da vida inglesa moderna", por outro, protege-os contra as desilusões inevitáveis a que vivem sob a égide do romantismo. E, uma vez que eles não têm consciência dessa carência e se casam sem ilusões, não há por que se decepcionar.

Radcliffe-Brown, por sua vez, referindo-se especificamente ao africano, afirma que ele não pensa "no casamento como uma união baseada no amor romântico, embora beleza, caráter e saúde sejam qualidades procuradas na escolha de uma esposa" (1978, p. 114).

Às considerações tecidas pelos autores anglo-saxões, citados anteriormente, que negam a existência de experiências amorosas mais refinadas e intensas entre os povos primitivos, opõem-se as de Malinowski. Polonês de nascimento e de formação,[3] embora ligado umbilicalmente à antropologia britânica, da qual foi uma das figuras mais expressivas, sua visão da vida amorosa dos primitivos, representados pelos ilhéus de Trobriand, diverge da adotada por esses autores. Empenhado "em apurar se as práticas amorosas limitavam-se a

---

[3] Segundo Andrzej Paluch, as polêmicas instauradas após a publicação do diário de Malinowski decorreram da desconsideração, por parte desses comentaristas, de que "o estilo e bem frequentemente o conteúdo desse relato diário tão especial soa mais compreensível quando comparado a alguns maneirismos do *panopticon* de Zakopane" (1981, p. 284). Zakopane, a que Paluch se refere, é a cidade onde Malinowski nasceu e viveu até ir estudar na Cracóvia. Foi lá que ele fez seus amigos mais íntimos, com os quais continuou a conviver durante suas férias de verão.

buscar apenas satisfação específica e direta para as necessidades sexuais, ou se abrangiam um leque mais amplo de experiências sensuais e estéticas", ele pôde constatar que o termo trobriandês *kwakwadu*, que designa o "estar junto para fazer amor", não pode e nem deve ser traduzido pelo *lovemaking* inglês, pois são termos que expressam experiências que não se equiparam. Enquanto o segundo tem uma conotação puramente sexual, o primeiro designa "a situação de estarem juntas duas pessoas apaixonadas uma pela outra". Os enamorados que praticam o *kwakwadu* "desfrutam do aroma e da cor das flores, veem voar os pássaros e os insetos e descem até o mar para banhar-se. Divertem-se apanhando conchas, arrancando flores e ervas aromáticas, com as quais se enfeitam" (1982, p. 330-331). Tais atitudes – que não são fortuitas, mas parte essencial de suas efusões eróticas – atestariam, no seu entender, um aprimoramento, peculiar ao romantismo, das experiências sensuais, afetivas e estéticas que acompanham a paixão sexual. Contrariamente, portanto, àqueles que veem a vida sexual dos selvagens como desprovida de sofisticação, de sutileza e de intensidade afetiva, Malinowski enfatiza o requinte da experiência amorosa dos ilhéus de Trobriand. Tal refinamento se revela na associação do prazer erótico-sexual com o estético, despertado pela visão de paisagens fascinantes e pelo desejo de se estar a sós para intensificar a fruição desses deleites. A dramaticidade da paixão sexual, súbita e incontrolável, que surge entre pessoas proibidas de se amar também não lhes é desconhecida. Ela aparece em um de seus mitos como devida à ação da magia, que, ao atingir inadvertidamente um casal de irmãos, impele-os inexoravelmente para um destino trágico e mortal (1973, p. 111-112).

A desconsideração do material etnográfico relativo à vida amorosa dos trobriandeses por parte dos antropólogos que afirmam o caráter excepcional do amor romântico é, de certa forma, extraordinária, sobretudo por parte de Evans-Pritchard, que participou dos seminários promovidos por Malinowski na London School of Economics, na década de 1920.[4] Ao analisar as motivações

---

[4] De acordo com o depoimento de Hortence Powdermaker, quando ela chegou à London School of Economics, em 1925, "só havia três estudantes graduados cursando antropologia. Os dois primeiros foram E. E. Evans-Pritchard e Raymond Firth; Isaac Shapera veio no segundo ano e logo se nos

subjacentes a esse descaso, parece-me que elas podem estar ligadas a uma divergência entre a visão do amor romântico própria aos autores anglo-saxões e a de Malinowski, de formação cultural polonesa.

Durante a leitura do diário de campo de Malinowski, pode-se perceber que, em suas referências apaixonadas à noiva, a expressão de "momentos de desejos violentos, apenas para ver seu luminoso, gracioso corpo novamente" dá-se concomitantemente à censura dessa paixão preponderantemente sexual: "Eu a amo com um forte e apaixonado amor enquanto deveria imaginá-la como minha esposa" (1967, p. 218). Seria essa apreensão do amor apaixonado como uma emoção erótica não necessariamente ligada ao casamento que o tornou capaz de ver esse tipo de amor onde Morgan, Mead, Evans-Pritchard e Radcliffe-Brown nada perceberam?

A pressuposição de que o amor romântico seria peculiar ao Ocidente ainda norteava, todavia, grande parte das investigações antropológicas, pelo menos até os anos oitenta do século passado. Jankowiak, antropólogo americano que realizou uma pesquisa etnográfica na cidade de Huhlot, capital da Mongólia Interior, entre 1981 e 1983, confessa que a ideia de que o amor romântico seria uma emoção marcadamente ocidental levou-o a desconsiderar os sinais bastante óbvios da existência de sentimentos românticos entre os chineses. De acordo com suas palavras:

> Minha posição inicial em relação ao amor romântico na sociedade chinesa era simples e semelhante à da maior parte das pessoas. Ele não existia: não havia tal fenômeno a ser estudado. Assumi tão fortemente que os chineses eram incapazes de sentimentos românticos que sempre me recusei a acreditar em meus amigos, quando eles me falavam sobre alguém estar se apaixonando ou deixando de amar. Eu simplesmente assumi que os chineses, nessas circunstâncias, haviam adotado um estilo de discurso ocidental para demonstrar suas inclinações modernas. Por conseguinte, suas declarações não representariam sentimentos reais ou verdadeiros. Dessa maneira, considerei o

---

juntaram Audrey Richards, Edith Clarke. Fortes vínculos pessoais se desenvolveram entre nós e com Malinowski; era uma espécie de família com as ambivalências habituais. O ambiente era o da mais pura tradição europeia, um mestre e seus alunos, alguns de acordo e outros, em oposição" (POWDERMAKER, 1966 *apud* KUPER, 1978, p. 88).

amor como uma emoção que os chineses seriam incapazes de experimentar. Tomei os comentários e as revelações confidenciais de meus amigos como valores falsos. Ironicamente, sempre que articulavam sentimentos "negativos", eu assumia que eles estavam sendo honestos, mas sempre que eles expressavam emoções "positivas", eu sentia que não estavam sendo sinceros (1993, p. XIII-XIV).

Foi apenas em 1987, na segunda fase de sua pesquisa, que Jankowiak abandonou sua pressuposição inicial de que os chineses seriam incapazes de sentimentos românticos, e conseguiu captar os sinais da presença de emoções até então ignoradas. Em vez de interpretar o discurso amoroso de seus entrevistados como um recurso para obter certo ar de modernidade, ele passa a vê-los como uma expressão de sentimentos realmente vividos. Ele começa, assim, a prestar atenção no que antes não lhe parecia relevante, e revela: "nessa época, no entanto, eu escutei" (1993, p. XIV).

O reconhecimento dessa "falha na escuta", uma possibilidade sempre presente em pesquisas etnográficas, evidencia a necessidade de se desconfiar do "nada a dizer" etnográfico. Conforme ressalta Malinowski, "o antropólogo deve, no mínimo, estabelecer se ele esteve olhando para certo fenômeno e fracassou em encontrá-lo ou se ele falhou em olhá-lo" (1977, p. 465). A mesma falha na escuta confessada por Jankowiak pode ter ocorrido com Margaret Mead. De acordo com Holmes, que esteve em Samoa nos anos 1950, "a declaração de Mead de que o amor romântico não existe em Samoa ignora os casos de forte apego a um marido específico". Ela tampouco percebe "os exemplos notáveis de fidelidade e de expressões de profundo apego emocional entre esposos e amantes" (1987, p. 120) contidos no folclore.

Para pôr em evidência a capacidade dos chineses de se apaixonarem (*tan liang ai*) e de expressarem sentimentos românticos, Jankowiak utiliza duas fontes: os depoimentos de seus informantes sobre as experiências amorosas por eles vivenciadas e a análise de contos e histórias populares produzidos desde a dinastia Tang (618-907 d.C.) até os dias atuais. Por meio de um exame sistemático desse material, chega à conclusão de que eles nunca desconheceram as emoções e os sentimentos ligados ao amor romântico: "Os chineses sempre conheceram o *pathos* e o poder da atração romântica e sempre souberam como isso pode induzir a sentimentos de paixão desesperada, de ciúme, de desejo por exclusividade e de sofrimento pelo amor não-correspondido" (1993, p. 195).

O resultado de sua pesquisa, publicado em 1993 em *Sex, Death, and Hierarchy in a Chinese City*, foi considerado por ele como o primeiro estudo aprofundado sobre o enamoramento em uma cultura do leste da Ásia. O caráter inovador de sua descoberta de que os chineses são capazes de se apaixonar, de sentir ciúmes e de sofrer pelo amor não correspondido só se aplica, todavia, àqueles que, como ele, ainda acatavam a ideia de que tais emoções seriam próprias dos povos do Ocidente. Tal postura, relativamente comum entre os antropólogos dessa época, está presente também entre historiadores que, segundo Goody, "criaram a tradição de que o *amor romântico* nasceu na sociedade dos trovadores do século XII na Europa"[5] (2008, p. 303).

Proposições relativas à universalidade do amor romântico

A confirmação de que os chineses são capazes de se apaixonar, além de servir a Jankowiak como comprovação suficientemente satisfatória da existência de amor romântico na sociedade chinesa, o motivou a se lançar em um projeto mais amplo: o de investigar, em parceria com Edward Fischer, se esse tipo de amor seria um fenômeno universal ou quase universal. Tal propósito foi também estimulado, em grande parte, por pesquisas realizadas por Liebowitz (1983) e por Helen Fisher (1987) sobre a possibilidade de o amor romântico e de as sensações a ele associadas provirem de fatores genéticos, intrínsecos à natureza humana, que se manifestariam independentemente das circunstâncias histórico-culturais.

Com o fim de empreender a investigação, Jankowiak e Fischer tomaram como referência 186 monografias etnográficas que abrangem várias regiões geográficas, tais como o norte da África, o Círculo

---

[5] Para certos historiadores que vão ainda mais além nessa reivindicação, "algumas formas de amor e, às vezes, a própria ideia do amor são vistas como um fenômeno puramente ocidental" (GOODY, 2008, p. 303).

Mediterrâneo, o Oriente, a Oceania e a América, selecionadas por Murdock e White (1969). Distinguir o amor romântico, definido como uma "atração intensa que envolve a idealização do outro, num contexto erótico, com a expectativa de permanência por algum tempo no futuro" (1992, p. 152), da atração meramente sexual não foi uma tarefa fácil, principalmente porque, em grande parte do material pesquisado, os termos *love, lovemaking* e *lovers* não foram utilizados de forma consistente. Para contornar esse problema e diferenciar as ocasiões em que o termo "amor" foi empregado – seja para designar a paixão amorosa seja como um eufemismo para as relações sexuais –, eles recorreram a outras evidências provindas da transcrição dos depoimentos dos nativos e da análise de canções, lendas e mitos.

Tendo reduzido o amor romântico a um fenômeno meramente psicológico,[6] Jankowiak e Fischer foram capazes "de documentar a ocorrência de amor romântico em 88,5% da amostra das culturas pesquisadas". Com isso, eles acreditam ter contradito "a ideia popular de que o amor romântico é essencialmente limitado à cultura ocidental ou é produto dela" (1992, p. 154). A adoção de um enfoque bem mais psicológico do que sociológico ou antropológico fez com que os fatores culturais ficassem reduzidos quase que exclusivamente à determinação do maior ou menor número de pessoas que são capazes de se apaixonar:

> A relativa frequência com a qual os membros da comunidade experimentam o amor romântico pode depender muito bem da organização sociocultural e da orientação ideológica. Assim, provavelmente, uma maior proporção de americanos, comparada aos yanomamo ou tiv, vivenciam o amor romântico (1992, p. 153-154).

A extrema generalidade de certas emoções e temáticas inerentes à paixão amorosa é demonstrável também do ponto de vista psicanalítico.[7] Conforme afirmam Kakar e Ross,[8] a semelhança entre

---

[6] Note-se que a definição utilizada por eles é a mesma empregada pelos psicólogos em suas investigações sobre o amor romântico (JANKOWIAK; FISCHER, 1992, p. 154).

[7] Na concepção de Sartre, o amor-paixão teria, "como fenômeno psicológico, sua dialética própria" (1978b, p. 68).

[8] Kakar, psicanalista indiano, e Ross, norte-americano, separados, como eles próprios assinalam, "por um golfo tanto cultural quanto literal, continental e oceânico", conheceram-se em Harvard, quando

os sonhos de amor e paixão, ouvidos nos consultórios, e os mitos e histórias de amor presentes em diferentes culturas e circunstâncias históricas testemunham "a transcendência no tempo e no espaço inerente à arte e ao amor" (1987, p. 215). Eles reconhecem, no entanto, as diferenças na vivência e na expressão do sentimento amoroso que decorreriam da forma pela qual a cultura modela e remodela temas e tópicos, enfatizando uns e obscurecendo outros. Desse ponto de vista, a universalidade do amor apaixonado mantém-se até mesmo perante a comprovação de que esse sentimento é desconhecido ou inexistente em uma determinada sociedade ou cultura. Tal possibilidade é assinalada por Devereux, ao afirmar que "a ausência — no nível consciente e sob uma forma culturalmente estabelecida — de um fenômeno que, no entender dos psicanalistas, tem caráter universal exige apenas a análise dos processos psicodinâmicos que determinam a repressão desse fator ou fenômeno" (1975, p. 69).

Polêmicas sobre a existência do amor romântico na China

Após ter destacado os posicionamentos de diferentes autores sobre a existência ou não de amor romântico em sociedades não ocidentais, há um aspecto que precisa ser ressaltado: o da ambiguidade da definição do que possa ser considerado como amor romântico. Caso se o defina apenas como a capacidade de se apaixonar, de ter sentimentos de ternura, de ciúmes, de sofrer pelo amor não correspondido, não há como reduzi-lo a um acontecimento peculiar apenas ao Ocidente, assim como não se pode limitar a uma cultura específica a capacidade de sentir raiva, medo ou inveja. Essas são emoções comuns a todos os seres humanos. Caso essa definição inclua, "em acréscimo, a prescrição ideológica de que se apaixonar é um fundamento altamente desejável do namoro e do casamento" (GOODE, 1959, p. 41-42), a sua limitação ao Ocidente torna-se mais consistente. A necessidade de se fazer essa diferenciação é assinalada

---

ambos participaram, no fim dos anos 1960, de um curso de Erik Erikson, o primeiro como assistente e o segundo como aluno. A afinidade entre os dois decorreu do interesse de ambos pelas ideias de Erikson e Freud que lhes proporcionaram "uma herança intelectual que encontrou expressão na psicanálise" (1987, p. 2).

também por Anthony Giddens, que distingue o amor apaixonado – para ele um fenômeno mais ou menos universal – do amor romântico, "muito mais culturalmente específico" (1993, p. 48-49).

Revendo-se a discussão mencionada anteriormente e levando-se em conta a maneira pela qual a sociedade considerada trata e avalia as emoções e os sentimentos românticos, pode-se perceber que há uma diferença radical entre a concepção ocidental e a chinesa. Enquanto no Ocidente essas emoções e sentimentos são glorificados e exaltados como base e fundamento do casamento, na China, como observa Rougemont,[9] a paixão amorosa "não só é rara, como também, e sobretudo, é desprezada pela moral corrente como uma doença frenética" (1988, p. 56). O próprio Jankowiak reconhece que a literatura chinesa, apesar de, em certos aspectos, se assemelhar à ocidental pelo fato de ambas mostrarem "histórias de amor de conflito e angústia, colisões e corações partidos" (1993, p. 197), difere dela por conter uma mensagem bem específica: a de que a paixão que induz à desobediência das normas estabelecidas e à quebra de barreiras socialmente impostas tende a desmoralizar aqueles que estão sob o seu domínio.

A fim de exemplificar o contraste entre a atitude chinesa e a ocidental, Rougemont cita as reflexões de Leo Ferrero, feitas a partir de um diálogo que ele manteve com um jovem chinês, Daj, mencionadas em sua coletânea de poemas e ensaios *Désespoirs*, publicada em 1933:

> A atitude do europeu, que durante toda a vida se pergunta: "É ou não é amor? Será que amo de verdade esta mulher, ou apenas tenho afeição por ela? Será que amo esse ser ou será que amo o amor?" etc.; seu desespero quando descobre, depois de profunda análise, que não ama aquela mulher; que tem somente desejo de amá-la – essa atitude poderia ser considerada por um psiquiatra chinês como um sintoma de loucura (FERRERO apud ROUGEMONT, 1988, p. 230).

---

[9] Rougemont, escritor suíço de língua francesa, formou-se na Universidade de Viena. Em 1931 ele assumiu a direção literária das edições de *Je sers*, em Paris. Em 1932, fundou com E. Mounier as revistas *Esprit* e *Ordre Nouveau*. Seus ensaios, em particular *O amor no Ocidente*, publicado em 1939, testemunharam sua originalidade como pensador. Suas ideias influenciaram a formação de várias gerações de intelectuais e estiveram presentes nos grandes debates políticos e éticos de sua época.

Nessa mesma linha de argumentação, Hsu,[10] antropólogo de nacionalidade chinesa, observa que, no estilo de vida chinês, as pessoas acreditam que os sentimentos pessoais, entre os quais se encontram os amorosos, devem ser submetidos às exigências do grupo. Devido a essa proeminência do coletivo sobre o individual, dos valores morais sobre os sentimentos pessoais, o contato dos chineses com a ideia do amor romântico, pensado como um sentimento que une e desune as pessoas ao sabor de seus desejos, nem sempre provoca, como se poderia cogitar, um efeito mais profundo no relacionamento entre os jovens. Tal consideração fundamenta-se não apenas em sua experiência pessoal, mas também em uma pesquisa realizada em uma aldeia chinesa, Tali-Fu, província de Yunnan, entre 1941 e 1943.

Conforme Hsu procura demonstrar, como etnógrafo de sua própria sociedade, "o modo de amar americano pareceria aos chineses quase indistinguível do que eles denominam de libertinagem" (1981, p. 50). Quando um homem ou uma mulher dizem estar amando, essa declaração traz em si a conotação de algo irregular. O padrão de namoro norte-americano, na opinião de um taiwanês que visitou os Estados Unidos em 1967, parece aos chineses um costume que, para além de sua aparência liberal, torna as mulheres, na realidade, "objetos de recreação pública".[11] Isso não significa que as universitárias de Taiwan ou da China continental não namorem, mas apenas que "as moças chinesas que namoram, e especialmente aquelas que se tornam íntimas de muitos rapazes, são consideradas como estando meramente exercendo uma autodegradação" (1981, p. 59). O fato de elas estarem amando ou terem deixado de amar não é tido como justificativa razoável para iniciar ou terminar um relacionamento amoroso, nem para contrariar os interesses ou os desígnios familiares. Em tal contexto, os casamentos baseados exclusivamente no amor, em detrimento de considerações familiares e econômicas, parecem egoístas e interesseiros. Essa situação é inversa ao que ocorre no mundo ocidental, onde são qualificados de interesseiros

---

[10] Hsu recebeu o título de doutor em antropologia pela Universidade de Londres em 1941. Após ter se radicado nos EUA, em 1944, ele lecionou em várias universidades americanas e foi presidente da American Anthropological Association.

[11] Essa consideração sobre o padrão de namoro americano foi publicada no *Central Daily News* de Taiwan (HSU, 1981, p. 57).

justamente aqueles casamentos que levam em conta motivações não concernentes exclusivamente ao amor. Tendo consciência dessa diferença cultural na motivação para o casamento, Hsu faz uma apreciação irônica sobre os noivos norte-americanos. A seu ver, "o amor romântico é um ideal tão importante na América que, quando uma mulher se casa com um homem por interesse, ela raramente se atreve a admiti-lo, mesmo para sua família ou para seus amigos mais íntimos" (1981, p. 50).[12]

Hsu observa também que os termos *lien ai* (amor romântico) assim como *ai jen* (amante), presentes na literatura chinesa contemporânea, refletem a necessidade de se encontrar uma expressão equivalente à ocidental.[13] Nos textos clássicos, "as duas palavras, *lien* e *ai*, apareciam separadamente, cada qual significando amor, afeição ou apego, não entre um homem e uma mulher, mas como corolários ao conceito de lealdade (imperador-súdito) ou de piedade filial" (1981, p. 49-50). Nesse contexto, a aplicação do termo *lien ai* às relações conjugais ou àquelas que antecedem o casamento não seria plausível. Mesmo com a modernização, os dramas amorosos raramente aparecem na literatura erudita.[14]

---

[12] Tal apreciação irônica, feita por Hsu, sobre a coação para amar, típica do Ocidente, pode ser aplicada até mesmo às relações adúlteras, nas quais os enamorados não estão presos nem por interesses econômicos nem por obrigações morais, mas apenas pela paixão que os une. O amor pelo amor pode induzir os enamorados a manter a representação do papel de apaixonados apesar de esse sentimento não mais existir. A descrição feita por Flaubert dos sentimentos de Emma Bovary é bem ilustrativa dessa pressão cultural para amar. Em certo momento de seu relacionamento com o amante, quando "ela sentia-se tão desgostosa dele, como fatigado dela ele estava", Emma persiste em escrever-lhe cartas amorosas, "obedecendo à idéia de que uma mulher deve sempre escrever ao amante. Mas ao escrever tinha no espírito outro homem, um fantasma composto de suas mais ardentes lembranças, das suas leituras mais belas, das suas mais fortes ansiedades; e afinal este se tornava tão verdadeiro e acessível que Ema palpitava por ele, maravilhada, sem, contudo, poder imaginá-lo claramente, tanto ele se perdia, como um Deus, na abundância dos atributos" (1971, p. 218).

[13] A inexistência, no chinês clássico, de um termo que possa ser traduzido por amor, no sentido que lhe é dado no Ocidente, não reflete um fato excepcional. Entre os Nymba do Nepal, por exemplo, conforme demonstra Levine, não há "qualquer termo ou conceito compreensível para se descrever a ideia de amor, seja divino, filial ou sexual. Supõe-se que os relacionamentos sexuais sejam particularmente propícios ao desenvolvimento de apegos interpessoais e de serem motivados ou motivarem o desejo carnal, conhecido como *dödchag*. Não há outro termo que possa ser usado para descrever o amor sexual de esposos ou amantes. Não há, tampouco, qualquer valorização positiva desse fenômeno" (1981, p. 110).

[14] O próprio Jankowiak reconhece que, na China Imperial, os dramas e as tragédias amorosas eram enfocados quase que exclusivamente em contos e histórias populares. Entre esses, "a lenda mais

Tais considerações de Hsu, relativas aos anos 1940-1960, tornam-se ainda mais relevantes quando se percebe que a prevalência do dever moral sobre os sentimentos e interesses pessoais – ressaltada por ele como um dos valores essenciais da civilização chinesa tradicional – continuava a ser a pedra de toque da sociedade, pelo menos até os anos 1980, apesar de o regime comunista ter se estabelecido e se afirmado como portador de valores revolucionários radicalmente diversos dos vigentes no passado.

Para tornar mais clara a continuidade entre o passado e o presente, um artigo de Yuan Lili, intitulado "The Sacrificing Wife: Enlightened or Benighted?", publicado em 1987, na revista *Women in China*, é uma boa referência. Ele trata de uma polêmica, acompanhada pela *Chinese Women's News* (editado pela All China Women's Federation) e pelo *Peoples Daily* (jornal dirigido pelo Partido Comunista), que apontam justamente para a dificuldade de se classificar determinados comportamentos como feudais ou revolucionários. O debate centrou-se em torno da pergunta: "Foi o caso de Tian uma decorrência do humanismo socialista ou da benevolência feudal?". O pivô era uma mulher da zona rural, Tian Juhua, cujo marido havia ficado paralítico quando ela tinha 28 anos. Durante oito anos, tempo que decorreu até o momento em que sua história veio a público, ela se dedicou integralmente ao marido, cujos desejos, mesmo os mais extravagantes, ela satisfazia. Isso a levara, por exemplo, a pescar no inverno em condições adversas.

A questão posta pelos jornais sensibilizou inúmeras mulheres de várias províncias, municipalidades e regiões autônomas chinesas. Elas se manifestaram por meio de cartas à redação, algumas das quais publicadas por Yuan Lili no artigo mencionado. Analisando-as, vê-se que elas expressam três diferentes tipos de reação diante do comportamento de Tian Juhua. Segundo o ponto de vista de certas missivistas citadas, como Kong Xiaoling, a dedicação das mulheres aos maridos não deveria ser renegada como um valor ultrapassado, mas mantida como constitutiva da essência da "concepção de mulher

---

popular era a da *Deusa de Jade*" (1993, p. 192-193), escrita durante a dinastia Sung, que vai do ano de 928 ao de 1233. Na linguagem literária da elite e da corte, não havia espaço para esse tipo de enredo.

chinesa", principalmente porque "as pessoas devem ter exemplos morais e devem aceitar os deveres sociais". A seu ver, a justificativa dada por certas mulheres de que, ao seguir suas próprias inclinações em assuntos de casamento e de família, elas o fazem "em nome da independência e emancipação" encobre o fato de que, "na verdade, elas estão apenas em busca de seus próprios interesses" (YUAN LILI, 1987, p. 23). Outras, reconhecendo o valor do autossacrifício, consideram-no, contudo, de difícil execução: "Tian Juhua fez a coisa certa. Mas não quero negar que as mulheres são também de carne e osso e que têm emoções humanas. O que Tian Juhua fez pode ser um ato difícil para o estilo de viver das mulheres modernas", afirma Fan Yan (YUAN LILI, 1987, p. 23). Por fim, um terceiro ponto de vista é o das que consideram a atitude de Tian Juhua um vestígio do feudalismo, quando as mulheres eram induzidas a sacrificar sua felicidade a fim de obter glória e riqueza espiritual. Zhang Min e Cong Hua, por exemplo, expressam com indignação essa opinião, ao afirmarem que "é difícil entender por que as mulheres estão sendo ensinadas a ajudar a promover a ética socialista através das esposas virtuosas" (YUAN LILI, 1987, p. 23). Para elas, o casamento não deveria ser um arranjo em benefício dos homens à custa do sacrifício das esposas.

Na discussão do conteúdo dessas cartas, todavia, há uma coincidência que perpassa as divergências. Os sentimentos dos cônjuges, um pelo outro, assim como a existência ou não de amor ou de afeição entre eles, não são levados em consideração por nenhuma das missivistas. Referências à atração sexual estão também ausentes na seleção das cartas. Ela foi considerada por uma das comentaristas, Zhang Wan, "muito vulgar para ser levantada nesse contexto" (YUAN LILI, 1987, p. 24). Tanto aquelas que consideram a dedicação abnegada de Tian Juhua como um dever moral válido e inquestionável per si quanto as que condenam essa dedicação como vestígio do feudalismo julgam o abnegado comportamento de Tian Juhua, sem se perguntarem se haveria ou não amor entre ela e o marido. Isso comprova a irrelevância do amor no relacionamento entre marido e mulher na China, e expressa também a desvalorização, assinalada por Rougemont e Hsu, daqueles que agem de acordo com seus interesses e prazeres pessoais, entre os quais se incluem os amorosos. Tais evidências da pouca importância dada ao amor no relacionamento entre marido e mulher ganham uma relevância ainda maior por terem sido expressas em 1987, época em que Jankowiak perfazia a segunda etapa de sua pesquisa etnográfica em Huhlot.

A prevalência do dever acima dos sentimentos pessoais aparece também em algumas canções populares chinesas. Em uma dessas, cantada frequentemente em Taiwan e em Hong Kong nos anos 1950, o diálogo em que dois enamorados expressam seu desespero ao se defrontarem com a iminência de uma separação termina com a seguinte fala do rapaz: "um *gentleman* é conhecido por sua moralidade, como ele pode se atrever a condescender com seus sentimentos íntimos?" (Hsu, 1981, p. 58).

Uma abordagem alternativa: amores disciplinados e amores domesticados

A fim de escapar de uma perspectiva particularista, segundo a qual o amor romântico seria um sentimento raro, peculiar ao mundo ocidental, e, ao mesmo tempo, de um ponto de vista universalista, que dissocia o amor romântico de sua relação intrínseca com o casamento, proponho dois conceitos: o de amor disciplinado e o de amor domesticado.

A escolha dos termos "disciplina" e "domesticação" para denominar diferentes espécies de amor, e "selvageria", para nomear os aspectos passionais disciplinados ou domesticados,[15] não foi feita ao acaso. Esses termos aparecem com certa frequência na literatura sobre o amor, geralmente com o intuito de designar as características paradoxais desse sentimento, ora ligado à natureza, ora à cultura. A coincidência na terminologia não significa, contudo, que as noções de amor disciplinado e domesticado, tais como as concebo, sejam provenientes de formulações preexistentes. Elas têm conotações que lhes são peculiares, derivadas, sobretudo, da relação que estabeleço, respectivamente, entre as noções de amor disciplinado

---

[15] Amores realmente selvagens, não inseridos no simbólico, seriam incomunicáveis, assim como os "transes selvagens" analisados por Bastide, "uma pura forma carente de conteúdo, uma quase loucura" (1976, p. 105).

e domesticado e os valores holistas e individualistas, no sentido conferido por Dumont.[16]

Nas sociedades dominadas por valores holistas, nas quais o todo social coloca-se acima dos indivíduos que o compõem, a selvageria imprevisível e arbitrária do amor passional é vista como inaceitável, devendo ser, em princípio, controlada, disciplinada, através do autossacrifício, da abnegação e da renúncia, que a submetem aos interesses grupais representados pela família ou por entidades mais abrangentes. Os amores disciplinados contrapõem-se aos descontrolados, indisciplinados, tidos como inevitavelmente desmoralizantes, destrutivos. Já no âmbito das sociedades onde predominam valores individualistas, nas quais os indivíduos constituem a realidade primeira sendo a sociedade apenas um meio de satisfazer suas necessidades e demandas, a selvageria passional do amor, pensada não como descontrolada, ou seja, como passível de contenção, mas como incontrolável,[17] é, bem ao contrário, glorificada e tida como uma experiência emocional desejável e enobrecedora. Como assinala Luhmann, "espera-se, exige-se mesmo, que o sujeito fique a mercê de uma paixão, contra a qual nada se pode fazer antes de mergulhar numa relação amorosa profunda" (1991, p. 73). Isso ocorre ainda quando esse relacionamento se dá à custa do sofrimento ou até mesmo da morte. Tal evento, por ser enfocado sob o ângulo do destino do indivíduo apaixonado e não o do grupo ao qual ele pertence, não é considerado socialmente destrutivo, mas apenas trágico do ponto de vista da trajetória de sua vida pessoal. Domesticar o amor não é, pois, amansá-lo, torná-lo dócil — sentido muitas vezes conferido ao termo "domesticado" —, mas sim utilizá-lo, em sua imprevisibilidade descontrolada e potencialmente subversiva, como fundamento indispensável à obtenção de relações amorosas gratificantes.

---

[16] Na concepção de Dumont, há dois tipos de sociedade: "onde o indivíduo é um bem supremo, eu falo de individualismo. No caso oposto, onde os valores repousam na sociedade como um todo, falo de holismo" (1991, p. 94).

[17] A crença de que as paixões, dentre as quais a amorosa, são intrinsecamente incontroláveis por serem parte integrante da natureza humana constitui a base da absolvição aos condenados por "crimes de paixão" (CORRÊA, 1983). Na Índia, a absolvição dos que matam as mulheres justifica-se pelo não cumprimento, pela família da noiva, dos acordos relativos ao dote (KUMARI, 1989).

A utilização do termo "domesticado" para caracterizar a concepção de que a paixão amorosa, apesar de sua arbitrariedade e irracionalidade, pode ser posta a serviço da ordem social não é inusitada entre os pensadores que se dedicam a essa temática. Contudo, a relação entre amores domesticados e valores individualistas, assim como as diferenças que os separam dos amores disciplinados, não é destacada. A antropóloga Jacqueline Sarsby, por exemplo, chama a atenção para o paradoxo de o amor ser pensado "como um raio vindo do céu contra o qual não se pode lutar, o desordenado encontro de almas gêmeas, a compulsão que permite quebrar quaisquer normas sociais, desde que se permaneça fiel às próprias emoções" e de, ao mesmo tempo, ser tido como "o único meio aceitável de direcionar-se ao casamento, à vida responsável do adulto e da família". Ela se contenta, no entanto, em assinalar que "a domesticação do amor nesse padrão mais convencional é um de seus mistérios" (1983, p. 5-6). A noção de "corações indisciplinados" de Peter Gay, por sua vez, reporta-se a amores que, segundo a terminologia que utilizo, não seriam classificados como indisciplinados, mas sim domesticados. Isso porque a indisciplina desses amores diz respeito ao potencial destrutivo "das alianças matrimoniais inadequadas e das irregularidades conjugais" (1990, p. 134),[18] apreendidas do ponto de vista dos indivíduos que nelas se engajam, de seu destino próprio e da possibilidade de autorrealização aí contida.[19] Já o conceito de amores indisciplinados coloca em pauta questões que afetam o grupo como um todo, e não apenas a vida particular de um de seus membros.

A relação entre as ideologias amorosas, que emergem no Ocidente, e os valores individualistas também não tem sido ignorada.[20]

---

[18] A preocupação em relação ao potencial destrutivo do amor romântico demonstra, simultaneamente, a crença na legitimidade do amor como princípio de seleção conjugal e a pressão da família sobre os jovens, a fim de tentar dirigir sua escolha.

[19] Esse ponto foi ressaltado também por Macfarlane, ao referir-se às consequências negativas, "em termos de posição socioeconômica e felicidade pessoal" (1990, p. 298), das escolhas amorosas malsucedidas.

[20] A valorização do individualismo se constituiu e amadureceu no decorrer de vários séculos. Com o calvinismo, esse processo chega a seu estágio terminal: "o indivíduo está agora no mundo e o valor individualista reina sem restrições nem limitações" (DUMONT, 1985, p. 63).

Luhmann (1991, p. 12-17), por exemplo, estabelece uma correlação entre as concepções de amor construídas no mundo europeu no decorrer dos últimos séculos e o grau de individualização nas relações íntimas (ou, de acordo com sua terminologia específica, nas de interpenetração inter-humana) que lhes corresponde. Viveiros de Castro e Araújo (1977), por sua parte, tratam de demonstrar a existência de uma inter-relação entre a noção de amor presente em *Romeu e Julieta* de Shakespeare e a concepção individualista da vida social. Já Macfarlane (1990, p. 340) destaca o extraordinário ajuste entre o capitalismo, o individualismo e o sistema conjugal fundamentado no amor.

O emprego da noção de amor domesticado no sentido que está sendo proposto tem, portanto, uma dupla relevância. Primeiro, por evidenciar as características específicas e inéditas de duas noções de amor que têm permeado o imaginário do mundo ocidental no decorrer dos últimos séculos: a de "amor-paixão", que codifica amores adúlteros, secretos e marginais à vida social,[21] e a de "amor romântico", que serve de parâmetro para relações amorosas que visam a se concretizar no âmbito da vida conjugal. Nesse último caso, "o amor torna-se o fundamento do casamento, esse se torna mérito sempre renovado do amor" (LUHMANN, 1991, p. 187). Por fim, a noção que proponho permite a dissolução dos problemas inerentes à projeção, em outros universos culturais, das noções de amor-paixão e de amor romântico destituídas de suas peculiaridades.

Nesse contexto, o termo "paixão amorosa" será utilizado para designar as emoções e os sentimentos apaixonados associados às várias manifestações de amores domesticados e disciplinados que se constituem em diferentes contextos socioculturais. Ao abordar a paixão amorosa dessa maneira, ou seja, admitindo que ela é enfocada de forma diversa, de acordo com o contexto cultural, tomo como campo de investigação os discursos amorosos produzidos em sociedades dominadas por valores individualistas e os comparo àqueles produzidos naquelas fundamentadas em valores

---

[21] Ver Stendhal (1993), Rougemont (1988), Truc (1942), Nelli (1975) e Luhmann (1991).

holistas. Procuro ultrapassar, assim, tanto a posição particularista, que aposta no caráter excepcional da concepção de amor própria ao mundo ocidental, mas vê apenas um vazio onde há experiências amorosas incontestáveis, quanto a adotada pelos adeptos do ponto de vista universalista, que veem o mesmo gênero de amor em toda parte.

Em uma investigação dessa natureza, justifica-se a opção pela análise de discursos, em vez da observação direta de vivências amorosas em sua concretude, na medida em que essas últimas só se tornam acessíveis ao pesquisador quando inscritas em documentos que as eternizam no tempo. Ao fazer isso, não estabeleço uma distinção entre as narrativas reais e as ilusórias, de modo a opor depoimentos e relatos[22] que narram experiências vividas num determinado momento histórico às construções literárias criadas por poetas e romancistas.[23] Primeiro, por acreditar que, perante a experiência amorosa, que ata de maneira indissolúvel o simbólico, o imaginário e o real, "a realidade estrangulada cai por terra" (KRISTEVA, 1988, p. 27-28). Ademais, porque creio que as narrativas ficcionais, criadas a partir da imaginação do poeta ou do escritor, são, como ressaltam os hindus, "guias perfeitamente adequados para a estrutura causal da realidade" (KAKAR, 1990, p. 2).

Na interpretação que empreendo sobre esses dois tipos de narrativas – quer das que se apoiam, pelo menos em princípio, em vivências reais, quer das ficcionais –, não posso deixar de levar em conta que os enunciados amorosos são quase sempre metafóricos e ambivalentes. Neles, nada é contraditório: a alegria e a dor se misturam, o prazer e o sofrimento se confundem. Essas irredutíveis e múltiplas formas através das quais as emoções e os sentimentos amorosos são relatados pelos enamorados ou por romancistas e poetas, seus intérpretes por excelência, são, paradoxalmente, reflexos da sociedade a que pertence o narrador e, como tais, peculiares e únicos

---

[22] Refiro-me aos dados autobiográficos e etnográficos.
[23] A afirmativa de Evans-Pritchard de que "a antropologia social deve considerar-se mais como uma arte que como Ciência Natural" (1978a, p. 137), juntamente com a apreensão dos relatos etnográficos como ficcionais, por autores mais recentes, a exemplo de Clifford (1986), parecem-me coerentes com esse tipo de abordagem.

e, ao mesmo tempo, universais, já que compreensíveis e fascinantes aos enamorados de diferentes universos culturais.

Com esse intuito, tomarei como objeto inicial de análise os poemas de amor cortês elaborados e divulgados pelos trovadores por toda a Europa no decorrer do século XII. Em seguida, enfocarei as versões clássicas de três narrativas mítico-amorosas que têm ocupado um lugar privilegiado no imaginário de suas respectivas civilizações: *Tristão e Isolda*, de Béroul e Thomas, *Layla e Majnun*, de Nizami, e *Gita Govinda*, de Jayadeva, produzidas na mesma época, respectivamente, na Europa, no Oriente islâmico e na Índia hindu.

A celebração do amor no século XII

> *Amor choque, amor loucura, amor incomensurável, amor ardência. Tentar falar dele parece-me diversamente, mas não menos terrivelmente e deliciosamente embriagador que vivê-lo. Ridículo? Louco, talvez. O risco de um discurso de amor, de um discurso amoroso, provém sem dúvida principalmente da incerteza de seu objeto. Na verdade de que estamos falando?*
>
> Kristeva (1988, p. 23)

O amor cortês e a lírica árabe

O século XII tem sido considerado como a época na qual o amor, em sua vertente heterossexual e humanística, começa a ser celebrado e glorificado no Ocidente.[24] Foi nesse século que os trovadores começaram a divulgar por toda a Europa o que se convencionou chamar de "amor cortês".[25] Foi também esse o período em que três narrativas mítico-amorosas em forma de poemas – *Tristão e Isolda*, nas versões de Béroul e de Thomas, *Layla e Majnun*, de Nizami, e *Gita Govinda*, de Jayadeva – foram produzidas, respectivamente, na

---

[24] Isso não significa que o amor romântico tenha sido inventado no Ocidente, mas apenas, que "o conceito ocidental de amor (em seu aspecto heterossexual e humanista), se não inventado ou descoberto, foi pelo menos desenvolvido no século XII como nunca antes" (Singer, 1992a, p. 53).

[25] A expressão "amor cortês" foi criada pelo medievalista francês Gaston Paris, em 1883, para caracterizar a atitude perante o amor que aparece de forma inovadora na literatura francesa do século XII (Singer, 1992a, p. 35).

Europa, no Oriente Médio e na Índia. A essa coincidência notável, acrescenta-se o fato de que foi então que se popularizou na China um dos seus mais famosos contos de amor: *Deusa de Jade*.

Tais episódios são ainda mais instigantes devido à intensificação das intercomunicações entre a Europa e o Oriente Médio, em decorrência das Cruzadas, e entre o Oriente Médio e a Índia, devido à expansão do domínio muçulmano no subcontinente indiano. Guilherme de Poitiers, considerado o primeiro e mais completo dos trovadores, começou a compor poemas de amor após seu retorno das Cruzadas e de seu aprisionamento, durante vários meses, pelos sarracenos da corte de Tancredo. Antes disso, seus versos cantavam "suas aventuras galantes de modo licencioso, diríamos mesmo obsceno" (ROUGEMONT, 1988, p. 257). O caráter inovador da ideia de que o "amor sexual entre homens e mulheres é, em si mesmo, algo esplêndido, um ideal pelo qual vale a pena esforçar-se" é enfatizado por Singer, ao dizer que essa é uma concepção "radical que poucos pensadores europeus haviam assumido seriamente antes do século XI" (1992a, p. 39-40).[26]

Na Antiguidade Clássica, "o amor, ou seja, a intimidade moral com a mulher, era reputado infamante, porque se considerava, então, que esta não era de modo algum digna do homem e que ela só possuía uma alma vil, sem vigor intelectual nem coragem" (NELLI, 1975, p. 46). Na literatura dessa época, não há nada análogo ao amor cantado pelos trovadores: "nenhuma das tragédias gregas – isto é, das trinta que nos restam – tem o amor como tema" (ROUGEMONT, 1988, p. 262). Nessas circunstâncias, "o tratamento da experiência erótica com mulheres como destino da vida – para usar nosso vocabulário – teria parecido quase que ingênua e sentimental. O camarada, o rapaz, era o objeto exigido com toda cerimônia do amor, e esse fato ocupava precisamente o centro da cultura helênica" (WEBER, 1985, p. 255).

Tampouco na literatura greco-romana há registros de amores análogos ao de Abelardo e Heloísa,[27] o primeiro casal de aman-

---

[26] A imbricação, no cerne mesmo das relações entre homens e mulheres, de um amor intenso, apaixonado, só pôde ocorrer, na interpretação de Nelli, quando os homens não mais se envergonhavam "de transportar para um objeto sexual uma afeição que eles acreditavam dever reservar somente às mães" (1975, p. 9).

[27] Abelardo, filósofo conhecido e reputado em sua época, e Heloísa, sua aluna, amante e esposa, nasceram, respectivamente, em 1079 e 1101 e faleceram em 1142 e 1169.

tes apaixonados cuja história trágica, transcorrida na Paris de 1118, chegou até nós. Os poemas de Abelardo, filósofo de grande prestígio em sua época, se perderam no decorrer do tempo. Foi preservado o relato de suas adversidades amorosas e profissionais, contadas em *Historia Calamitatum*, assim como suas cartas a Heloísa e as de Heloísa para ele. A produção desses registros, no entanto, deu-se apenas depois que o amor que os unia, que era profundamente sexual, tornou-se casto, devido a uma série de acontecimentos funestos que os levaram a se dedicar à vida monástica. Os eventos que os motivaram a se unir e depois a se separar se iniciaram quando Abelardo, cativado pela inteligência e sagacidade de Heloísa e empenhado em conquistá-la, propôs-se a dar-lhe aulas particulares, caso seu tio e tutor, Fulbert, cônego da Catedral de Paris, o hospedasse em sua casa. Sem desconfiar da real intenção de Abelardo, Fulbert consentiu. Ao descobrir que as pretensas aulas haviam se transformado em encontros amorosos, ele expulsa Abelardo de sua casa. Os dois amantes continuam, contudo, a se encontrar secretamente. Quando Heloísa engravida, é retirada secretamente da casa do tio e enviada à terra natal de Abelardo, e ali permanece até o nascimento da criança. Com a intenção de trazer Heloísa de volta a Paris, Abelardo procura Fulbert e propõe casar-se com a sobrinha deste, contanto que o casamento fosse mantido em segredo. Nessa época não havia possibilidade de um filósofo conciliar o renome profissional com o casamento. Fulbert aceita a proposta sem se aperceber de que estava sendo enganado mais uma vez, pois um casamento feito em caráter privado não outorgaria a Heloísa, que foi morar com o tio após o casamento, a dignidade própria a uma mulher casada. Dando-se conta disso, o Cônego desfaz o pacto, revelando a todos o segredo do casamento. Contrariando mais uma vez Fulbert, em lugar de assumir a união, Abelardo convence Heloísa a se refugiar em uma abadia de monjas, Argenteuil, perto de Paris, onde ela estudara quando menina. Profundamente injuriado por ter sido enganado e desonrado pelas reiteradas tramas de Abelardo, Fulbert manda castrá-lo. Após esse evento dramático, Abelardo se recolhe também a um mosteiro.

Todos esses acontecimentos, que culminaram na dedicação de Heloísa e, posteriormente, de Abelardo, à vida monástica, ao invés de destruírem a paixão que sentiam um pelo outro, intensificaram-na. No dizer de Abelardo: "a separação dos corpos levou ao máximo a união de nossos corações e, porque não era satisfeita, nossa paixão se inflamava ainda mais" (*apud*VILELA, 1989, p. 96). Heloísa vivencia com tanta intensidade a paixão erótico-amorosa que ela invade todos os momentos de sua vida no convento, como ela mesma confessa abertamente, em sua correspondência com Abelardo:

> No meio das solenidades mesmas da missa, onde a prece deve ser a mais pura, as imagens licenciosas dessas volúpias se apoderam tanto desse coração miserável que eu me ocupo mais de suas torpezas que das preces (Lettre Troisième: Héloïse a Abélard. GILSON, 1938, p. 129).[28]

Há também em suas cartas uma ânsia pela completa absorção no ser amado:

> Meu coração não estava comigo, mas contigo. E hoje mais que nunca, se ele não está contigo, ele não está em nenhuma parte. Sem ti, ele não pode absolutamente existir (Lettre Première: Héloïse a Abélard. GILSON, 1938, p. 106).

Quais seriam as características distintivas do discurso do amor cortês veiculado pelos trovadores, que se expressa por meio de formas literárias e personagens bem diversos dos que se manifestam em Abelardo e Heloísa?[29] Todos que o tomam como objeto de análise reconhecem que ele não permaneceu estático. Originário da região do Poitou e do Languedoc, sudoeste da França, ele se disseminou, sob diferentes formas, desse centro irradiador a outras partes da Europa. Seu aparecimento nessa região foi, em grande parte, motivado pela penetração da lírica árabe – já imbuída de influências iranianas e indianas –, difundida desde o Oriente Médio e da Espanha mourisca por, "uma sociedade que, aparentemente, esperava esses meios de

---

[28] Ela mesma se acusa de hipocrisia ao declarar: "Dizem que eu sou casta, é porque não veem que sou hipócrita. Toma-se a pureza da carne pela virtude, mas a virtude é uma questão de alma, não de corpo" (*Lettre Troisème*: Héloïse à Abélard. GILSON, 1938, p. 130).

[29] Além das diferenças assinaladas entre o amor cortês, cantado pelos trovadores, e o vivenciado por Abelardo e Heloísa, há entre eles um ponto em comum. Ambos exprimem amores destinados a se manter castos. O primeiro, pela renúncia à consumação, e o segundo, devido à castração de Abelardo.

linguagem para dizer aquilo que não ousava dizer nem podia confessar na língua dos clérigos ou na fala vulgar" (ROUGEMONT, 1988, p. 82).

Dedicados a uma "Dama" – inacessível por ser casada com um nobre, geralmente senhor de um feudo ou de um reino –, o tema central dos poemas do amor cortês era sempre um amor infeliz e perpetuamente insatisfeito. O triângulo formado pelo trovador, que declara seu amor à dama a quem visa a conquistar, e pelo marido, que torna esse amor impossível e perigoso, lhe era, pois, constitutivo. A necessidade de se adotar um ponto de vista masculino na análise do amor cortês – isto é, de se falar em mulheres proibidas, no desejo de conquistá-las e nos perigos que daí provêm – decorre da estruturação desse triângulo amoroso. Ela deriva também do fato de que os poemas que expressavam esse tipo de amor foram produzidos por homens, e não por mulheres.[30] Eram eles que cantavam e exaltavam as emoções do amor, numa linguagem frequentemente permeada por metáforas guerreiras que associavam a conquista amorosa à conquista militar. Enunciações tais como as citadas a seguir dão uma boa ideia dessa utilização metafórica, no discurso amoroso, de termos próprios à linguagem guerreira:

> O amante faz o cerco à sua Dama. Trava assaltos amorosos à sua virtude. Ele a ataca frontalmente, persegue-a, procura vencer as últimas defesas do seu pudor e rompê-las de surpresa; enfim a dama capitula. Mas, então, por uma curiosa inversão bem típica da cortesia, é o amante que será seu prisioneiro, ao mesmo tempo que seu vencedor. Tornar-se-á o vassalo dessa suserana, segundo as normas das guerras feudais, como se fosse ele quem tivesse sofrido a derrota (ROUGEMONT, 1988, p. 173).

A conquista da mulher amada independia, no entanto, da consumação sexual. O trovador, pelo menos em princípio, não visava a possuir fisicamente a dama. Desde os primórdios da cortesia, esta é associada à Virgem Maria: "Maria e a Dama partilham os traços comuns de alvo dos desejos e das aspirações dos homens". Elas

---

[30] Em suas investigações sobre o amor, Rougemont jamais encontrou "uma só mulher que tivesse cantado o amor de longe" (1988, p. 268). Há também, segundo Luhmann, evidências empíricas de que os "homens, no início de uma relação, tendem mais fortemente que as mulheres para um ser amado romântico" (1991, p. 194).

encarnam também "uma autoridade absoluta e tanto mais atraente quanto mais desligada da severidade paterna" (KRISTEVA, 1988, p. 279).[31] Para melhor compreender a veneração e a submissão a uma mulher inacessível, à qual se sacrifica a própria vida, a descrição de Gonzague Truc do amor cortês é especialmente esclarecedora:

> O que é então na verdade esse "amor cortês"? Digamo-lo em uma palavra, é, na sua plenitude, o amor total, o amor absoluto, o amor que ultrapassa o amor porque ele renunciou ao que parece sua razão de ser: a possessão. Ele acaba, ele tem mesmo de acabar com essa possessão, ele é escolha pura e, por isso mesmo, exclui o casamento. O cavaleiro escolhe livremente sua dama, mas desde o início ele se dedica a ela inteiramente e se submete cegamente a seus menores e piores caprichos. Um, por obedecer dessa maneira, combate vestido, em vez da armadura, de uma simples túnica, logo embebida de seu sangue, o outro desce numa arena para recolher, entre as feras, uma luva que sua bela deixou cair. Para reencontrar a rainha Guenièvre, Lancelot sobe numa carroça, o que é se desonrar; por ela, ainda, ele consente em se deixar vencer ignobilmente num torneio (TRUC, 1942, p. 21-22).

O que o lirismo ocidental exalta desde seu momento inicial é, portanto, uma obsessão tão intensa pelo ser amado que tudo o mais se torna desimportante. As outras pessoas e o próprio mundo empalidecem. O que se glorifica "não é o prazer dos sentidos, nem a paz fecunda do par amoroso. É menos o amor realizado que a paixão de amor. E paixão significa sofrimento. Eis o fato fundamental" (ROUGEMONT, 1988, p. 17). Ou, dito em outros termos, a escolha de "uma mulher que encarna e materializa em si mesma a beleza, a bondade e todas as outras metas da aspiração humana reconhecidas pela tradição de eros" não visa à satisfação plena, mas, sim, a um "gozo feito de dor e prazer" (SINGER, 1992a, p. 65, 70). A frustração inerente a esse gozo o converte num prazer muito mais profundo do que poderia proporcionar a simples satisfação sexual. "Este será um

---

[31] A correlação entre a dama e a Virgem Maria, assinalada por Rougemont, é ressaltada, sob outro aspecto, por Nelli: "A dama se eleva à altura da mãe-em-espírito, de onde o universo todo inteiro recai como uma graça. O amante, ele próprio, quer doravante morrer, entrar nessa eternidade feminina, que não se revela a ele senão pela negação de suas próprias aspirações viris" (1975, p. 100).

amor que magnifica o indivíduo, como reflexo do outro inacessível que amo e que me faz ser" (Kristeva, 1988, p. 82). Ao analisar uma canção do trovador Arnaud Daniel, na qual o erotismo se infiltra na veneração ascética à dama, e o sofrimento e a alegria se misturam, Julia Kristeva pergunta se o amor seria um canto alegre ou doloroso e, logo em seguida, responde: "uma coisa e outra, sem dúvida, união dos contrários, paradoxo, chuva, imersão, *joy*" (1988, p. 320).

A junção da alegria e da dor condensada no termo *joy* traduz um desejo que quer se realizar e, contraditoriamente, se eternizar. É por essa razão que a *joy d'amour*, essa alegria dolorosa inerente à contenção de um desejo simultaneamente casto e exaltado ao seu máximo, induz a "um abrasamento inesquecível, um ardor verdadeiramente voraz, uma sede que somente a morte poderia aplacar" (Rougemont, 1988, p. 123).

> Mais me agrada então morrer
> que de vil alegria desfrutar
> Pois alegria vilmente alimentada
> Não pode nem deve tanto me agradar
> (Aimeric de Belenoi *apud* Rougemont, 1988, p. 66)

> Nada me causa tanto desejo
> Quanto um objeto que me foge.
> (Cercamon *apud* Rougemont, 1988, p. 253)

> Meu Deus! como é possível
> Que quanto mais longe de mim, mais a desejo!
> (Aimeric de Belenoi *apud* Rougemont, 1988, p. 67)

Essa exaltação de um "amor velado e secreto, casto e ardente, tormento delicioso e mal de que ninguém quer curar-se, paixão saudável e que atinge a plenitude na morte" (Rougemont, 1988, p. 261) se expressa também na poesia místico-erótica que emerge na Península arábica, no século IX[32]:

---

[32] Essa analogia é assinalada por Nelli em *L'Érotique des troubadours*, ao afirmar que a ideia da morte por amor constitui "a substância do amor árabe e do amor provençal" (1963, p. 52 *apud* Rougemont, 1988, p. 248).

> Matando-me fareis com que eu viva porque para mim morrer é viver e viver é morrer (Al-Halladj *apud* ROUGEMONT, 1988, p. 80).
>
> Ah não cumpras tua promessa de amar-me por medo que venha o esquecimento! (Ibn Daud *apud* ROUGEMONT, 1988, p. 253).

Outro paralelismo entre os trovadores cristãos e os do mundo islâmico encontra-se na cristalização da paixão em torno de metáforas ligadas à união de almas ou de corações. Em *Le collier de la colombe*, Ibn Hazm (1013-1063),[33] nascido em Córdoba, Andaluzia, define o amor (*ishq*) como uma ânsia extremamente forte de unificação (*ittihad*) (*apud* SINGER, 1992a, p. 62). Sua expressão se dá, de forma alegórica, nos seguintes termos:

> Eu gostaria que meu coração tivesse sido aberto com uma faca. Tu aí terias entrado. Depois ele teria sido fechado novamente dentro do meu peito (Ibn Hazm *apud* NELLI, 1975, p. 82).

Também em Bernardo de Ventadour, o desejo frustrado de união manifesta-se por meio de sentimentos ligados ao coração:

> Ela me roubou o coração, apossou-se de meu ser, roubou-me o mundo e depois de mim se esquivou, deixando-me apenas o desejo e meu coração sedento! (Ventadour *apud* ROUGEMONT, 1988, p. 69).

Eis, pois, um amor intenso, exaltado e, ao mesmo tempo, disciplinado. Submetido à força do autossacrifício, da abnegação e da renúncia, ele não desafia as alianças matrimoniais preestabelecidas pela moral cristã e pelos valores feudais. O que importa, antes de tudo, é a vivência da paixão, em sua pureza mística, e não a satisfação de um desejo de fundo sexual. A disciplina do amor cortês manifesta-se, sobretudo, pela exigência da manutenção da castidade. Em decorrência disto, o amor "nega algumas vezes a si mesmo enquanto desejo físico e violência" (NELLI, 1975, p. 25). Isso não significa, todavia, a inexistência de erotismo sexual no amor cortês.[34]

---

[33] Segundo Eliade (1983, p. 162), os poemas de amor de Ibn Hazm, sofreram a influência do mito platônico do *Banquete*.

[34] Conforme assinala Nelli, recorrendo ao *Traité de l'amour courtois* de André le Chapelain, capelão de Filipe Augusto, Rei de França: "Basta ler André le Chapelain para compreender que o amor cortês

O anelo insatisfeito e voraz que quer se eternizar inflama-se ainda mais pela castidade que lhe é constitutiva:

> Guilherme, Bernardo de Ventadour e todos os demais fazem patente que desejam ver o corpo desnudo da amada, que querem tocá-la e beijá-la, que anelam todos os gozos do amor, menos o ato sexual mesmo. Mas ao demandar a frustração de seu instinto sexual não o eliminaram; pelo contrário, intensificaram sua idealização. Ao impor restrições, o *fin'amors* faz retroceder a carga elétrica do desejo físico, marca-o no contexto de uma busca espiritual, utiliza-o como força energética de um impulso idealizador que, finalmente, expressa-se em poesia (SINGER, 1992a, p. 70).

Compreende-se, assim, a razão pela qual a prova (*asaig, assays* ou *essai*) de amor imposta pela dama pode demandar a "prova heroica da castidade guardada no leito" (ROUGEMONT, 1988, p. 254). Compreendem-se, também, certas cenas da *Távola redonda* e de *Tristão e Isolda*, em que os amantes se deitam juntos, mas permanecem separados por uma espada. O heroísmo outorgado pela autodisciplina na manutenção da castidade não é, entretanto, um fenômeno exclusivo do amor cortês. Ele se encontra no imaginário do mundo árabe dessa época. No já referido *Le collier de la colombe*, há uma passagem em que se celebra o caráter heroico de um personagem que, "provocado pela mulher de um amigo, expõe seu dedo à queimadura cruel de uma vela a fim de resistir" (*apud* TRUC, 1942, p. 20).[35]

A castidade pretendida pelo amante não acarreta, todavia, a inexistência de contratempos na expressão de seu amor. O segredo, que lhe é constitutivo, assinala o risco que perpassa a expressão desse

---

podia – e devia – ir até a contemplação da dama nua e a carícias bem ousadas, desde que o ato que mata o amor não tivesse jamais lugar" (1975, p. 80-81).

[35] A semelhança entre essa forma heroica de resistir à sedução e a contida em um conto de Leon Tolstoi, "Padre Sérgio" – que serviu de tema para o filme *Noites com sol* dos irmãos Taviani –, talvez possa provir do conhecimento, por parte de Tolstoi, da trama escrita por Ibn Hazm em *Le collier de la colombe*. No conto de Tolstoi, o Príncipe Kasatski – que se tornou um ermitão, sob o cognome de Padre Sérgio, devido a uma desilusão amorosa ligada à sua honra – corta com um machado a falange do dedo indicador da mão esquerda, a fim de resistir à tentação representada por Makovina, uma aristocrata entediada que pede asilo em sua ermida com a intenção de seduzi-lo (1962, p. 1207).

amor numa sociedade fortemente patriarcal, na qual as mulheres casadas estavam cercadas pelos interditos mais rígidos e estritos. Esse aspecto é ressaltado por Duby, ao afirmar que o perigo encontrava-se no coração do esquema "porque, por um lado o picante do assunto vinha do perigo afrontado (os homens dessa época julgavam, com razão, mais excitante caçar a mulher madura do que a inexperiente) e porque, por outro lado, tratava-se de uma prova no curso de uma formação contínua e, quanto mais perigosa a prova, mais ela era formadora" (1989, p. 60).[36] É por essa razão que Duby o interpreta como "um jogo entre homens", tão difícil quanto o realizado nos torneios, nos quais os jovens apostavam suas vidas na intenção de aumentar o seu valor e afirmar a virilidade.

Sem os obstáculos e os riscos que os rondam, inexistiriam a glória, o renome e o encanto que dão a esse amor adúltero um caráter heroico.[37] A possível reação violenta dos maridos não deve, pois, ser subestimada. A lendária narrativa do acontecido ao infeliz poeta Guillem de Gabestach revela as ameaças que rondavam esse amor casto:

> Raymond de Castel Rosselo, suspeitando que sua mulher, Saurimonde, tivera uma relação amorosa com ele, mandou assassiná-lo e, tendo lhe arrancado o coração, o serviu a Saurimonde como se fosse o de um javali (NELLI, 1975, p. 81).

A contenção sexual que fundamenta esse tipo de castidade não é, contudo, cristã nem islâmica. De acordo com Rougemont, ela provém de crenças e rituais religiosos que a Índia e a China já conheciam. Num desses rituais, tântrico em sua origem, a exaltação mística se dá pela contenção seminal, pela busca da "beatitude erótica, obtida pela suspensão não do prazer, mas de seu efeito físico" (1988, p. 88). Na China, o taoísmo conhece práticas similares, embora com objetivos diversos. A contenção seminal, ou seja, a economia desse princípio vital, é prescrita como um meio de prolongar a juventude e a vida. De qualquer forma, há na paixão

---

[36] Tais considerações de Duby refletem uma apreensão bem francesa da paixão amorosa, como será visto posteriormente.

[37] "À luz da antiga língua ática, esse nome (herói) revela-se derivado de amor (érôs)" (PESSANHA, 1993, p. 86).

do amor cortês um "julgamento de valor" que a mantém "constantemente sob o controle do espírito e, de certa forma, a nega" (NELLI, 1975, p. 102).

A disciplina a que se submete o amor cortês não deve ser vista, contudo, apenas em termos de uma prática religiosa esotérica. Ela é duplamente útil à ordem político-social: serve à preservação do sistema matrimonial fundamentado em alianças políticas entre os feudos e à consolidação do poder do príncipe sobre a cavalaria. O *Traité de l'amour courtois*, de André le Chapelain, dá uma boa ideia desse processo de utilização do amor cortês na manutenção do sistema matrimonial. Nessa obra, há uma convergência, aparentemente paradoxal, entre o respeito ao laço conjugal e a glorificação dos amores adúlteros. Escrito por um capelão da corte, o objetivo desse tratado era o de fornecer um código que "orientasse para a regularidade, para uma espécie de legitimidade, as insatisfações dos esposos, de suas damas, e, sobretudo, dessa inquietante multidão de homens turbulentos que os costumes familiais forçavam ao celibato" (DUBY, 1988, p. 63). O poder do senhor feudal era, por sua vez, reforçado, já que o amor cortês exigia, daqueles que o viviam, o domínio de si, a fidelidade e a abnegação, condições essenciais à moral vassálica. Servindo à sua amada, era o "amor do príncipe (seu esposo) que os jovens queriam ganhar, esforçando-se, dobrando-se, curvando-se" (DUBY, 1988, p. 65). Dito em outros termos, "que a Dama é essa lua a refletir o poder solar do pai ou do esposo, a erótica cortês já o sabia" (KRISTEVA, 1983, p. 392). Ele propiciava, também, àqueles que nele se engajavam, um enobrecimento inacessível ao burguês, excluído, em princípio, desse jogo, reafirmando e marcando, assim, as diferenças de estamento de certa forma ameaçadas pela emergência, ainda que incipiente, da burguesia.

> Assim como sustentavam a moral do casamento, as regras do amor delicado vinham reforçar as regras da moral vassálica. Elas sustentaram assim, na França, na segunda metade do século XII, o renascimento do Estado. Disciplinado pelo amor cortês, o desejo masculino não foi utilizado para fins políticos? Eis uma hipótese da pesquisa, incerta, hesitante, que empreendo (DUBY, 1988, p. 65).

À medida que se difunde, esse tipo de amor vai ganhando conotações diversas. Em sua versão setentrional, onde foram forjadas as primeiras expressões literárias da lenda de Tristão e Isolda, as mulheres deixam de ser objeto de adoração e de inspiração distantes e passam a desempenhar um papel mais ativo. Nesse novo contexto, "o amor cortês é por vezes adúltero, geralmente de intenção abertamente sexual, e só raramente se interessa pelos valores do amor não correspondido" (SINGER, 1992a, p. 52).

Tristão e Isolda: a força irreprimível do amor no contexto europeu

Tristão e Isolda faz parte do ciclo de romances bretões, entre o quais se incluem os da *Távola redonda*. Nesta obra, todavia, a parte dedicada ao amor sobrepuja em muito a épica. A partir da segunda metade do século XII, seu prestígio foi de tal monta que ultrapassou o usufruído pelas canções dos trovadores. Desde então, sua trama, expressa em poemas, foi contada e recontada inúmeras vezes. As versões mais conhecidas são a de Béroul e a de Thomas.[38] A de Joseph Bédier é uma adaptação das escritas por Béroul, Thomas, Eilhardt e Gottfried.[39]

O poder exercido por essa lenda tem sido equiparado ao dos mitos. Na interpretação de Rougemont, sua força mítica manifesta-se onde quer que se acredite que amor é um destino inelutável que "fulmina o homem impotente e maravilhado para consumi-lo num fogo puro; e que ele é mais forte e verdadeiro que a felicidade, a sociedade e a moral" (1988, p. 23). Também para Truc, foi em *Tristão e Isolda* que o desejo pela mulher proibida, mantido pelos trovadores sob o domínio de uma vontade disciplinada, torna-se incontrolável e, ao mesmo tempo, mais importante do que os deveres filiais, a lealdade e a moral: "o desejo retoma aí seu lugar que é o primeiro, infelizmente, no ser de carne que somos e o fundamento de todo amor" (1942, p. 28).

---

[38] Da versão de Thomas, composta entre os anos de 1170-1173, preservou-se apenas um quarto dos manuscritos. A de Beroul, redigida em 1180, foi mais conservada; dela ainda restam 4.485 versos (Ver Le Goff, 2010).

[39] "P. Gallais, em seu estudo *Tristão e Isolda e seu modelo persa*, desenvolveu a hipótese da origem oriental do primeiro romance de Tristão, apoiando-se em analogias que podem ser encontradas entre a narrativa francesa e a narrativa persa de *Wis e Ramin*. Essa hipótese tem o mérito de enfatizar a importância do Oriente na literatura medieval" (*apud* BAUMGARTNER, 1993, p. 18-19).

A paixão entre Tristão e Isolda se inicia em alto mar, durante a viagem de volta da Irlanda, onde, por incumbência de seu tio e senhor, o Rei Marcus da Cornualha, Tristão foi buscar Isolda, futura esposa de Marcus. A violência do desejo e da paixão que Tristão e Isolda sentem um pelo outro e a consequente incapacidade de contê-los[40] é atribuída à inadvertida ingestão de um filtro mágico, destinado a Isolda e ao Rei Marcus em sua noite de núpcias. Esse ato marca a falta inicial, renovada, expiada e novamente retomada no decorrer de toda a narrativa, que finda com a morte dos dois amantes. Introduz-se, assim, no lugar da morte-por-amor unilateral do cavalheiro, que arrisca a vida pela sua dama – peculiar ao amor cortês –, uma morte duplamente almejada pelos enamorados. Desejada por Tristão, já doente e enfraquecido, no momento em que ele, esperando ansiosamente por Isolda, acredita que ela não poderá vir, e por Isolda que, ao encontrá-lo morto, abraça-o e morre.

A paixão de Tristão e Isolda, na maior parte do tempo incontida e descontrolada, desenrola-se numa atmosfera densamente trágica, apaixonada e selvagem,[41] passível de se desenvolver apenas em espaços também selvagens, como o mar e a floresta, à margem, portanto, da vida cotidiana submetida às leis da cortesia, da moral cristã e da fidelidade feudal. A fuga de Tristão e Isolda para a floresta de Morois, após o Rei Marcus ter descoberto que eles se encontravam secretamente, representa, metaforicamente, esse isolamento do casal de apaixonados em relação aos deveres e obrigações que os ligam aos outros membros da sociedade.[42] A floresta torna-se, assim, "o espaço essencial da narrativa, à medida que é emblemática, ao mesmo tempo, da força do amor, capaz de quebrar as convenções sociais e de transcender as constrições físicas, e do caráter insustentável, em longo prazo, de um amor vivido fora das práticas e dos rituais da

---

[40] A violência do "desejo carnal é denunciada pelos próprios amantes como uma força coativa, exterior, que não encontra adesão de sua vontade e que é sentida como catástrofe e como fatalidade" (BAUMGARTNER, 1993, p. 67).

[41] Na versão de Wagner, o marinheiro que conduz o navio canta: "Ó filha da Irlanda, onde te quedas? O que infla minha vela são teus suspiros. Sopra, sopra, ó vento! Desgraça, ah, desgraça, filha da Irlanda apaixonada e selvagem" (*apud* ROUGEMONT, 1988, p. 43).

[42] "Desde então nada os separará, nem o constrangimento, nem a traição, nem a ausência, os mais selvagens dos seus dias serão aqueles que eles passarão naquela floresta, dormindo num leito de palha, nutrindo-se da caça abatida com o arco, que não perde jamais o alvo" (TRUC, 1942, p. 28-29).

sociedade" (BAUMGARTNER, 1993, p. 50). Na versão de Gottfried de Estrasburgo, a gruta em que os amantes se refugiam é descrita da seguinte forma:

> Por algum motivo
> A gruta está relegada
> A essa terra selvagem
> Isso quer dizer
> Que o amor não se encontra
> Nas estradas batidas
> Ou em volta das moradas dos homens
> Ele habita os desertos
> O caminho que conduz ao seu refúgio
> É duro e penoso
> (*apud* ROUGEMONT, 1988, p. 234)

Eles não se sentem responsáveis, todavia, por viver uma paixão incontrolável, que só encontra guarita à margem da vida social. Suas emoções e as ações que delas decorreram são justificadas por eles como um resultado inevitável do poder mágico do filtro, que haviam bebido por engano:

> Se ela me ama, é pelo veneno
> Não posso dela separar-me
> Nem ela de mim... (Exclama Tristão)
> E, logo em seguida, Isolda:
> Senhor, por Deus onipotente
> Ele não me ama, nem eu a ele
> Foi um filtro que bebi
> E ele também: esse foi o pecado
> (Béroul *apud* ROUGEMONT, 1988, p. 33)[43]

Em nome desse amor, eles mentem, traem, são desleais e até blasfemam. Entre os artifícios utilizados por Isolda para enganar o

---

[43] Essa passagem de Béroul pareceu-me mais significativa do que a de Bédier. Recorri a ela para melhor expor a ideia, presente em toda a trama, de que os desatinos dos dois amantes foram motivados pela atuação do *filtro*, e não por uma decisão deliberada.

Rei, consta sua substituição, no leito nupcial, pela sua serva Briolanja, a fim de fazer crer ao esposo que ela ainda era virgem. Ou mesmo seu juramento de fidelidade – exigido para dissipar as dúvidas, levantadas por alguns nobres, de que o Rei estava sendo traído – no qual ela mente capciosamente e, ao mesmo tempo, distorce o que diz para que apareça como verdade, ao assegurar que jamais dera seu amor a outro homem além daquele que primeiro a tomou virgem em seus braços. Por fim, pode-se mencionar a prova do ferro em brasa, que a queimaria, segundo a crença da época, caso estivesse mentindo. A afirmação de Isolda posta à prova foi a de que, exceto o Rei Marcus e o pobre peregrino que a amparou ao descer do barco, nenhum outro homem a tivera em seus braços. O que tornou tal declaração verdadeira foi um ardil, já que o peregrino a que ela se refere não era outro senão Tristão disfarçado, que se colocara ali em comum acordo com Isolda. Todas essas artimanhas visavam a dar falso testemunho da castidade de Isolda e de sua fidelidade ao Rei Marcus. Tristão, por sua vez, igualmente impelido por um desejo ao qual ele não se sente capaz de resistir, não se constrange em trair o Rei Marcus, que o defende, reiteradamente, contra o que julga serem falsas acusações.

Eis, pois, uma paixão que é, simultaneamente, pecaminosa e gloriosa, heroica, enobrecedora aos olhos da sociedade e dos próprios amantes.[44] Eis também um amor narcísico, um amor pelas emoções que o estar amando produz, mesmo à custa do sofrimento e da morte. Isso se reflete na destruição, por Isolda, do guizo mágico, que lhe havia sido dado por Tristão a fim de fazê-la esquecer sua dor. Paradoxalmente, contudo, essa paixão impossível, eivada de sofrimentos, alimentada pelos obstáculos que impedem sua plena realização,[45] constrói-se em nosso imaginário como a promessa de

---

[44] Os aspectos paradoxais da glorificação heroica dos personagens de um amor adúltero incontrolável e enlouquecedor são enfatizados por Wisnik, ao pôr em evidência o fato de que, em *Tristão e Isolda*, "os servidores leais ao rei (que o avisam da traição de Isolda) aparecem como pérfidos e invejosos, enquanto a esposa adúltera e blasfema aparece como virtuosa dama, e Tristão, que engana o rei cinicamente, é visto como cavaleiro modelar" (1993, p. 208).

[45] "Sem entraves ao amor, não há romance. Ora, o que amamos é o romance, isto é, a consciência, a intensidade, as variações e os adiamentos da paixão, seu crescendo até a catástrofe – e não sua chama fugaz. Consideremos nossa literatura. A felicidade dos amantes só nos comove pela expec-

uma vida mais rica e feliz. É por essa razão que ela parece a Rougemont o caminho de uma alienação consentida, de "uma obsessão da imaginação concentrada numa única imagem – e a partir daí o mundo desaparece, os outros deixam de estar presentes, já não há próximo nem deveres ou laços que se mantenham, nem terra ou céu" (1988, p. 106).

Isso não significa que o amor que une o casal, pelo menos no que se refere às versões medievais, seja subversivo.[46] A consideração e o respeito à autoridade do Rei Marcus e aos costumes feudais, que eles desacatam sem jamais desafiá-los abertamente, revela-se na vontade que eles sentem, depois que a ação do filtro se desfaz,[47] de retornar à sociedade e ocupar o lugar que lhes era devido: Isolda, como esposa e rainha, e Tristão, como sobrinho e servidor leal de seu Rei e senhor feudal. Daí a exclamação de Tristão: "Senhor Deus, Rei do mundo, clamo mercê, e suplico que me dê forças de entregar Isolda ao Rei Marcus". Daí também sua ânsia de ser perdoado pelo Rei Marcus: "Ah bom tio", ele pensa, "ganhar vossa paz, e por vós, enlaçar ainda o elmo e vestir a cota de malha!" (BÉDIER, 1947, p. 158). O retorno de Isolda à corte e ao Rei Marcus, que a perdoa após a prova de castidade, não acarreta, todavia, a aceitação de Tristão como vassalo e participante da cavalaria real. Ele é obrigado a deixar a Cornualha em direção a outro reino ou feudo.

A projeção, pelos dois amantes, da responsabilidade pelos seus desatinos ao filtro mágico é mais forte em Isolda do que em Tristão. Nele, a isenção não é total. Tristão sente-se culpado por ter traído a confiança do Rei Marcus e a devoção que ele deveria dedicar a um tio que o considerava como filho:

> Bom tio que, órfão, me amparaste, antes mesmo de reconhecer o sangue de vossa irmã Brancaflor, vós que ternamente chorastes

---

tativa da infelicidade que os ronda. [...] A saudade, a lembrança, e não a presença, nos comovem" (ROUGEMONT, 1988, p. 42).

[46] Esse aspecto é ressaltado por Singer, ao afirmar que "longe de ser um documento subversivo, a lenda – em todas as suas versões medievais – quase não questiona as bases da autoridade" (1992a, p. 527).

[47] Em Béroul, a ação mágica do filtro é limitada a três anos, Thomas o transforma em símbolo da embriaguez amorosa, e Gottfried vê nele o sinal do destino, mas em todas essas versões, desde que ingerido, "o filtro coloca as suas vítimas num plano acima de toda a moral e que só poderia ser divino" (ROUGEMONT, 1988, p. 99).

por mim [...], bom tio, por que desde o primeiro instante não despedistes o menino errante que viera para vos trair? Ah! que pensei eu? Isolda é vossa esposa e eu vosso vassalo sou. Isolda é vossa mulher, e eu vosso filho. Isolda é vossa e não pode ser minha! (BÉDIER, 1947, p. 79).

A relação triangular edipiana, tão claramente explicitada nessa fala de Tristão, revela-se metaforicamente na cena em que o Rei Marcus, deparando-se com o casal de amantes dormindo juntos na floresta, mas separados pela espada de Tristão, troca-a pela sua, interpondo, assim, "sua presença entre seus corpos" (KAKAR; ROSS, 1987, p. 142). Aceitando essa leitura psicanalítica da troca da espada, parece-me lícito perguntar se a força mítica de *Tristão e Isolda*, assim como seu poder de empolgar e de cativar aqueles que conhecem sua história, não estariam relacionados à conjunção de desejos e de atos incestuosos mascarados não apenas pelo fato de que, no momento da consumação de seu amor por Tristão, Isolda era ainda noiva e não esposa do Rei Marcus, mas também pela inexistência de qualquer alusão que a situe, após seu casamento, no papel de tia--madrasta de Tristão.[48]

Na interpretação de Irving Singer, a noção de amor veiculada em *Tristão e Isolda* pode ser considerada como uma das expressões do desejo de fusão, peculiar à tradição idealista que se origina em Platão, humaniza-se no amor cortês e é redefinida pelo romantismo. Tal desejo é que os impeliria a transcender as restrições morais da vida cotidiana. A seu ver, o amante idealista "costuma perder toda preocupação por suas responsabilidades anteriores. Pode mentir, pode roubar, pode matar: não há nada que um Tristão ou uma Isolda não sejam capazes de fazer para preservar seu sentido de unidade" (1992a, p. 23). Concomitantemente, Singer reconhece que "a lenda medieval que confronta o amor com a honra e o dever feudal é verdadeiramente dramática. Mostra o amor glorificado em luta com elementos da sociedade igualmente idealizados: nenhum sistema de valores triunfa" (1992a, p. 529). O sofrimento de Tristão e Isolda

---

[48] Em *Paixão e incesto*, pós-escrito incorporado à segunda edição de *O amor no Ocidente*, Rougemont reconhece ter subestimado, na primeira edição, a faceta edipiana do amor de Tristão e Isolda.

provém desse confronto, que os impossibilita de "ter, ao mesmo tempo, amor e vida em sociedade" (1992a, p. 530).

O caráter heroico conferido ao casal que blasfema, mente, frauda e trai em nome da paixão que os une não se explica, todavia, apenas pela alternância dos princípios do amor cortês e dos relativos à moral cristã e aos valores feudais, nem pelo desejo de fusão peculiar à tradição idealista que está na base do romantismo. A exaltação, em certos momentos, de um amor arbitrário e incontrolável, que legitima tais atitudes, aliada à renúncia posterior a esse amor, justificada pelo término da atuação do filtro mágico, representa, a meu ver, o momento de passagem do amor disciplinado, ligado a uma concepção holista do mundo, ao amor domesticado, coetâneo a uma visão individualista da vida social. Do primeiro, são retidos os valores relacionados à renúncia, e do segundo é antecipada a noção de que a paixão amorosa, por sua própria natureza, é enlouquecedora,[49] impossível de ser dominada pela força de vontade dos que a ela estão submetidos.[50]

Layla e Majnun: o amor "fora-do-mundo" na visão de mundo islâmica

O modo pelo qual o amor é pensado em *Layla e Majnun,* cuja versão clássica é a do poeta persa Nizami, contrasta marcadamente com a maneira pela qual ele é tratado em *Tristão e Isolda.* Proveniente de uma de uma lenda árabe que remonta ao século VII,[51] a

---

[49] A associação do amor à loucura aparece de uma forma bem clara na admoestação feita por Ogrino, o eremita, com quem eles dialogam durante sua estada na floresta: "Amigos! Como o amor persegue-vos de desgraça em desgraça! Quanto tempo durará vossa loucura? Coragem! Arrependei-vos, de uma vez por todas!" (BÉDIER, 1988, p. 75).

[50] O código do amor-paixão, elaborado no decorrer do século XVII, não recorre mais ao álibi do filtro para justificar o fato de que o amor não olha "razão nem direito". No *Traité des combats que l'amour a eu contre la raison e la jalouise,* publicado em Paris, em 1667, a oposição amor-razão não se submete mais a soluções hierárquicas, ela espelha interesses que se colocam no mesmo nível. Abordados alegoricamente através do diálogo entre o amor e a razão, o amor reivindica suas razões próprias. A máxima, que nos é tão familiar, de que "o amor tem razões mais importantes que as da própria Razão" (*apud* LUHMANN, 1991, p. 127) provém desse tratado.

[51] Seria essa lenda baseada em fatos verídicos? O tradutor do texto de Nizami para a edição inglesa, Gelpke, faz essa pergunta e responde dizendo que a existência de um jovem beduíno, Qays, da tribo de Amir, e do seu sofrido amor a Layla, embora não seja certa, é bem provável. A seu ver, há boas razões para se crer que Qays tenha vivido "provavelmente na segunda metade do século VII

história do amor entre Layla e Majnum faz parte do imaginário mítico-amoroso do mundo persa-islâmico-árabe. Ela se constitui, assim, da mesma forma que outros amores míticos, em um veículo privilegiado para se avaliar "por que e como homens e mulheres de uma determinada cultura amam do modo como eles amam" (KAKAR; ROSS, 1987, p. 43).

A narrativa, transcorrida nos desertos da Arábia, inicia-se quando o jovem Qays, filho de um chefe beduíno, Sayyid, e Layla, sua colega de escola, sentem-se mutuamente atraídos. Desde o primeiro momento em que se viram, "um fogo começou a queimar em ambos – e cada um refletia o outro". Em sua ingenuidade, eles nem mesmo se dão conta do que lhes acontecia: "juntos, eles haviam inalado o aroma de uma flor, seu nome desconhecido, sua mágica grande" (NIZAMI, 1966, p. 17). Bebendo cada vez mais esse amor que lhes chega involuntariamente, "seus olhos ficaram cegos e seus ouvidos surdos para a escola e para o mundo" (NIZAMI, 1966, p. 18).

Em um primeiro momento, parece não haver motivo que justifique a proibição que recai sobre o amor desses dois jovens. Ambos eram solteiros e desimpedidos, ao contrário de Isolda, já comprometida com o Rei Marcus, e de Romeu e Julieta, que pertenciam a duas famílias inimigas. A proibição, no entanto, tem uma razão de ser, ela proveio do desafio que esse amor, por sua simples existência, trazia ao poder dos homens de controlar a sexualidade de suas filhas, o que ameaçava, simultaneamente, a honra da família e a da tribo como um todo.

A fim de evitar o escândalo que a manifestação de seu amor por Layla acarretaria, Qays tenta esconder seus sentimentos. Mas, longe de Layla, ele se torna um *majnun*, um louco, incapaz de ocultar suas emoções e de continuar a desempenhar seus deveres e obrigações sociais. Como um *majnun*, isto é, como alguém que perdeu "não apenas sua amada, mas também a si próprio" (NIZAMI, 1966, p. 24), ele passa a vagar pelos desertos, bazares e tendas da península arábica, cantando e expondo seu amor e seu sofrimento em poemas extremamente belos. Essa atitude de Qays, que fez com que ele

---

d.C., em algum lugar na metade ocidental da península arábica, cerca de quinhentos anos antes de 1188 d.C. (584 H), o ano no qual o poeta Nizami escreveu o poema" (1966, p. 215).

passasse a ser denominado de Majnun, foi tida como uma afronta à sua honra e uma desonra para sua tribo:

> Sobrepujado pela melancolia, ele não ouve ninguém ou coisa alguma. Nada que agrade ou perturbe um homem encontra eco em seu coração. Seus dois ou três companheiros há muito o abandonaram. De longe as pessoas apontavam para ele e diziam: lá vai Majnun, o doido, o louco, que foi uma vez chamado de Qays. Ele lança vergonha e desonra sobre si mesmo e sobre seu povo (NIZAMI, 1966, p. 30).

Desesperado e preocupado com seu filho e com a reputação de sua família e de toda a tribo de Amir, da qual ele era o chefe, Sayyid acreditava que, caso Majnun obtivesse Layla em casamento, poderia "encontrar a si próprio novamente" (NIZAMI, 1966, p. 31). Assim, decide solicitar aos parentes de Layla a permissão para que os jovens se casassem, alegando as vantagens dessa aliança para a tribo. O pai de Layla, no entanto, descrito como um homem duro e orgulhoso, exige que Majnun se cure primeiro dessa paixão enlouquecedora. Somente então o matrimônio e as condições em que se realizaria poderiam ser discutidos. Eis o que ele diz a Sayyid:

> Seu filho é um jovem soberbo e, à primeira vista, poderia ser bem-vindo em qualquer lugar. Mas não sabemos todos nós mais do que isso? Quem já não ouviu o suficiente sobre suas tolices? Quem não está consciente de sua loucura? Ele é louco, e um homem louco não pode ser um genro para nós. Por conseguinte, você deve primeiro rezar, para que ele se cure; depois poderá falar em casamento novamente, mas, até então, isso está fora de questão (NIZAMI, 1966, p. 33).

Tais eventos, ou seja, a transformação de Qays em um Majnun, em alguém que desonra a si próprio e sua família devido à sua paixão por Layla, assim como sua dependência da mediação do pai para a consecução de seus anseios amorosos, contrastam fortemente com o caráter heroico do amante apaixonado, peculiar às tramas amorosas do amor cortês e do romance bretão, produzidos na mesma época.

A percepção de que a recusa do pai de Layla era inexorável fez com que os parentes de Majnun lhe oferecessem outras mulheres, mas ele só queria uma, a que havia se tornado definitivamente inacessível. Nem mesmo o apelo à sua obrigação de constituir uma família e de suceder ao pai depois que este morresse fizeram-no retornar à vida social. O amor de Majnun "escapa ao conhecimento dos homens do mundo, repousando além da fidelidade e da razão" (KAKAR; ROSS, 1987, p. 49). A permanência de Majnun no deserto, único lugar em que lhe era possível viver dessa maneira, reflete a incompatibilidade básica entre essa forma individualista de amar e as admissíveis nas sociedades dominadas por valores holistas, os quais só podem ser ignorados, embora não diretamente confrontados, por um indivíduo "fora-do-mundo", na expressão dumontiana.[52] Somente assim, localizado em outro plano, é que Majnun consegue escapar das imposições de uma sociedade que se concebe como mais poderosa que o amor, por mais intenso que esse possa ser.

A apreensão do amor de Majnun como situado necessariamente fora-do-mundo permite assinalar algumas distinções entre esse tipo de amor e o vivenciado por Tristão e Isolda que, sob outro foco analítico, poderiam permanecer camufladas pelas semelhanças inegáveis na intensidade do sentimento amoroso. Uma dessas semelhanças diz respeito ao fato de que o amor de Majnun, ao contrário do de Tristão por Isolda, não encontra espaço no mundo social, em momento algum. Outra se relaciona à recusa de Majnun a desobedecer aos ditames sociais que tolhem a realização de seu amor por Layla, enquanto Tristão oscila entre a fidelidade ao Rei Marcus, a traição, o exílio, o remorso, o retorno à corte, a uma fidelidade renovada e a uma nova traição. Afora essas diferenças, há ainda mais uma: a referente ao exílio. No caso de Tristão, que, acompanhado de Isolda, abandona a corte e se refugia na floresta por um determinado período de tempo, o exílio é o momento da vivência temporária e gloriosa do amor. Já o exílio de Majnun, vivido em permanente solidão, faz com que sua identidade social se perca: "Era como se seu nome houvesse sido removido do Livro da Vida, e ele tivesse caído no nada; como

---

[52] Segundo Dumont, "se o individualismo deve aparecer numa sociedade do tipo tradicional, holista, será em oposição à sociedade e como uma espécie de suplemento em relação a ela, ou seja, sob a forma de indivíduo-fora-do-mundo" (1985, p. 38-39).

se ele não estivesse mais entre os vivos, mas ainda não entre os mortos" (NIZAMI, 1966, p. 37).

É como um pária errante, às vezes descalço e nu, e não como membro de uma tribo ou de uma família, que ele vaga pelos desertos, cantando os poemas que compõe para Layla: "Um pária me tornei. Família e lar, onde estão? Nenhum caminho leva-me de volta até eles, e nenhum à minha amada. Quebrado está meu nome, minha reputação, como vidro lançado contra uma rocha (NIZAMI, 1966, p. 37).

Somente assim lhe é dada a possibilidade de expressar e viver seu amor que, em sua subversão e descontrole, impossibilita sua adequação às normas e aos padrões de vida costumeiros. Compelido pelo pai a lhe fazer companhia nos seus últimos dias de vida, o Majnun lhe responde que isso está além de suas forças, pois se tornou incapaz de viver novamente no mundo dos homens: "Eu me tornei um selvagem tendo como companhia as feras. Não tente me trazer de volta ao mundo dos homens. Acredite-me. Sou um estranho para eles" (NIZAMI, 1966, p. 126).

Layla também se sente queimar pelo fogo do desejo ardente, mas seu amor permanece oculto, contido, disciplinado. Os poemas que faz para o Majnun são lançados ao vento, com a esperança de que alguém os leve até ele:

> Não é Majnun uma estrela negra? Um errante atormentado pelo amor? Mas meus tormentos são mil vezes maiores! É verdade, ele também é um alvo para as flechas da dor, mas ele é um homem, eu sou uma mulher! Ele é livre e pode escapar. Ele não precisa estar amedrontado, pode ir para onde quiser, falar, chorar e expressar os sentimentos mais profundos em seus poemas. Mas eu? Eu sou uma prisioneira. Não tenho ninguém com quem possa falar, ninguém com quem possa abrir meu coração: vergonha e desonra seriam meu destino. A doçura transforma-se em veneno em minha boca. Quem conhece meu sofrimento secreto? (NIZAMI, 1966, p. 154).

As canções compostas pelos dois, que se tornam conhecidas em toda a Arábia, expressam a busca de "uma liberdade erótica individual que colide com a moralidade tradicional islâmica, a qual decreta que a lealdade às normas da família e da tribo é o que realmente faz a vida valer a pena ser vivida" (KAKAR; ROSS

1987, p. 58). A ânsia de Layla por uma liberdade erótico-amorosa não a leva, todavia, a se rebelar contra as ordens de seu pai e de seus familiares. Ela as aceita, embora não passivamente. Obrigada a se casar com Ibn Salaam, ela consente, mas recusa-se a consumar o casamento. Os tormentos provenientes dessa sua desdita ela os expressa de uma forma pungente:

> Estou queimando dia e noite entre dois fogos. Agora o amor clama em meu coração: "Levanta-se! Fuja como uma perdiz desse pai corvo, desse marido abutre!" Agora a razão me admoesta: "Precavenha-se da desgraça! Lembre-se – uma perdiz não é um falcão! Submeta-se e suporte seu sofrimento!" (NIZAMI, 1966, p. 155).

A paixão dos dois enamorados está destinada, pois, a jamais ser consumada. Ela permanece casta, mesmo quando, depois de vários anos de separação, eles conseguem se encontrar. Nesse momento, os obstáculos que os impedem de se unir são criados por eles próprios. Quando Layla está apenas a dez passos de Majnun, ela sente que ele está rodeado por um círculo mágico que não deveria ser quebrado pela sua presença. Ela, então, se detém e lhe pede para cantar um de seus poemas. Após ter cantado algumas estrofes, Majnun silencia e foge para o deserto: "Embora embriagado com o aroma do vinho, ele sabia que poderia prová-lo apenas no paraíso" (NIZAMI, 1966, p. 189).

Nem a morte do marido de Layla propiciou o reencontro entre os dois. Durante o período de luto, no qual deveria ficar reclusa por dois anos, "ela se sente livre sem medo, para dar seu coração e sua alma a seu amado" (NIZAMI, 1966, p. 200). Layla perde suas forças e, com a "alma preparada para abandonar o corpo" (p. 203), definha e morre, clamando por Majnun. Sabendo da morte de Layla, Majnun dirige-se até seu túmulo, abraça-a e, pedindo a Deus que o libere de sua cruel existência, murmura "você meu amor" (p. 211), para logo em seguida encontrar a morte juntamente com ela.

Nos eventos que envolvem a história do amor entre Layla e Majnum não há, pois, vilões nem traidores. Todos os protagonistas são colocados numa série de situações em que não há uma separação maniqueísta entre bons e maus. O pai de Layla, que tolhe e proíbe a livre expressão de seu amor por Majnun, e o marido com quem ela foi obrigada a se casar não aparecem como egoístas ou impiedosos, mas como genuinamente interessados no bem-estar dela. Não há tampouco um teor trágico, que pressuponha a existência de valores conflitantes que se opõem um ao outro de forma dramática. Contrariamente a Tristão e Isolda, que ora colocam os ideais do amor acima dos valores sociais, ora o inverso, a aceitação por Layla e Majnun dos valores tribais como inquestionáveis perpassa toda a narrativa de Nizami. Essa ausência do trágico é ressaltada por R. Gelpke, através de uma analogia com o amor dos trovadores:

> Seria errado considerar o destino de Majnun e Layla como *trágico* no sentido ocidental do termo. Que não poderia haver nenhuma realização do amor deles na terra é uma conclusão previsível do misticismo de Nizami. Sua Layla estabelece claramente que, na religião do amor, uma intimidade próxima é perigosa. Essa concepção é similar a que impeliu na Europa os Trovadores – embora apenas por pouco tempo, enquanto na Pérsia essa antiga tradição deixou sua marca na literatura clássica e, mesmo hoje, ela não está morta, mas continua a viver como uma faísca sob a fogueira (GELPKE, 1966, p. 219).

À analogia, feita por Gelpke, entre a concepção de amor expressa em *Layla e Majnun* e a dos trovadores acrescentam-se, todavia, certas diferenças que não devem ser subestimadas. Uma delas refere-se ao caráter heroico e à linguagem guerreira inerentes ao amor cortês. A própria figura física de Majnun – a de um jovem adolescente de cabelos longos, descalço, vestido apenas com uma tanga, dotado de um ar suave, doce, feminilizado –, tal como é representada no livro de Nizami que se encontra na Biblioteca Nacional de Paris, está muito distante da imagem de um herói viril que declara seu amor, expressa seu desejo de conquista e que não recua perante as dificuldades e obstáculos que se lhe possam interpor. A outra diferença diz respeito ao *locus* em que a manifestação do amor é permitida. Enquanto o trovador é, para usar a expressão dumontiana já referida, um "homem-no-mundo", o amor de Majnun só é pensável por ele estar situado fora-do-mundo.

Analisada à luz das ideias propagadas pelo sufismo - seita religiosa islâmica de grande influência na época –, segundo as quais o amor terreno seria apenas uma preparação "para a culminância celestial onde todas as separações serão destruídas", o amor de Majnun por Layla aparece como "a parábola central da experiência religiosa do sufismo" e Majnun como seu "porta-voz" (KAKAR; ROSS, 1987, p. 53). Já sob o ângulo psicanalítico, o amor proclamado por Majnun assemelha-se ao lamento de uma criança que se vê privada da atenção e do carinho maternos. Sob esse ângulo ele expressa uma experiência traumática, vivenciada pelos meninos da sociedade islâmica do Oriente Médio, que os impele a passar de forma abrupta do mundo feminino, no qual eles vivem até os sete anos e onde são objetos de uma atenção materna constante e benevolente, ao mundo masculino, que demanda o repúdio a essa fonte primeira de segurança e bem-estar.[53] Nessas circunstâncias, o pai aparece não como o rival do filho, que impede seu acesso à mãe por querê-la só para si, mas como um indutor de sua entrada no mundo dos homens adultos, ou seja, não como "um castrador ou inibidor, mas como um iniciador" (KAKAR; ROSS, 1987, p. 70). No diálogo entre Majnun e seu pai, este ressalta os valores ligados à identidade masculina e as vantagens de se adquiri-la:

> Basta! Aprenda a aceitar esse mundo como ele é. Pare de viver na selvageria, como um animal entre os animais. [...] Uma mulher veste apenas o que ela teceu; um homem colhe apenas o que plantou. Se você quer alcançar renome algum dia, comece hoje. Toda tristeza não tem fim? Você é humano, então viva como um homem! (NIZAMI, 1966, p. 123-124).

Há ainda outra faceta na história de Layla e Majnun. Ela se relaciona aos anseios, medos e temores que permeiam o relacionamento entre homens e mulheres no mundo islâmico e, provavelmente, em outras sociedades caracterizadas por um patriarcalismo extremamente forte. Nessas sociedades, não é raro haver "por trás de um claro consenso social sobre a dominação masculina e sobre a liberdade do homem em satisfazer sua luxúria, quando e onde

---

[53] "Traduzido para a linguagem cultural do discurso mãe-filho, é como se o filho inconscientemente censurasse sua separação da mãe e sua (conscientemente almejada) entrada no mundo dos homens, fundamentada em sua masculinidade e especificamente na sua expressão primitiva – o desejo fálico" (KAKAR; ROSS, 1987, p. 69).

quer que ele deseje, uma realidade psíquica igualmente potente, a do medo do homem em relação ao poder ameaçador da mulher" (KAKAR; ROSS, 1987, p. 53-54). Fantasias sobre mulheres traidoras, dominadas por desejos sexuais insaciáveis,[54] modelam as figuras femininas em grande parte das histórias e contos de amor no Irã e no mundo árabe. Tais fantasias se manifestam em *Layla e Majnun* através de um personagem que tenta persuadir Majnun a esquecer seu amor por Layla, advertindo-o da necessidade de desconfiar de todas as mulheres: "Elas são cheias de paixão, muito mais do que nós, mas elas dedicam-se apenas a seus próprios interesses egoístas. As mulheres são trapaceiras! Nunca acredite numa mulher" (NIZAMI, 1966, p. 115-116).

Krshna e Radha: o amor-divino na Índia hindu

A literatura indiana sobre o amor tem uma tradição bem mais longa do que as mencionadas anteriormente. No período clássico, que corresponde aos seis primeiros séculos da Era Cristã, os poetas raramente o tratam como algo etéreo ou a expressão de um estado de espírito a ser analisado, descrito, perscrutado. O objetivo é capturar, através de uma acumulação de detalhes sensuais, o prazer estético e erótico de um instante particular de paixão. De um modo geral, o amor "é igualado a uma sensação definida ou um sentimento em sua manifestação corporal concreta", e o que se enfatiza é "um estado de volúpia despersonalizado que delicia os sentidos, mas não toca o coração" (KAKAR; ROSS, 1987, p. 84-85). Os amantes não são dotados de características físicas e psicológicas singulares que os tornam únicos e insubstituíveis. O impulso que os dirige não é exclusivista, monogâmico. Apesar de cada um ser, para o outro, "uma fonte de excitação e prazer, estimulando os sentidos e o corpo com sua imagem e aura", seu passado, futuro ou vida interior não são tematizados. As mulheres, tão ardentes quanto os homens, não impõem a esses uma resistência que precisa ser vencida. Nesse

---

[54] Em *As mil e uma noites*, a reação do Rei Xeriar ao descobrir que sua mulher o tinha traído revela essa imagem negativa em relação à sexualidade feminina que, em sua voracidade, ameaça a moral e a ordem social pelo adultério, no caso das mulheres casadas, ou pela perda da virgindade, no caso das solteiras.

contexto, a masculinidade "não é igualada com a sedução e a conquista" (KAKAR; ROSS, 1987, p. 84-85).

Devido a tais características, essa literatura lírico-amorosa não cativa facilmente leitores mais modernos, "cuja sensibilidade foi moldada pelo romantismo e individualismo" (KAKAR; ROSS, 1987, p. 85). Formados em outra concepção de amor, eles sentem dificuldade de se identificar com personagens estereotipados, descritos de uma forma despersonalizada, que operam como "fetiches, pistas culturalmente aprovadas para o indivíduo se deixar entregar à excitação erótica" (KAKAR; ROSS, 1987, p. 85).

A partir do século VI – coincidentemente, o mesmo a que se atribui o aparecimento da lenda de Tristão e Isolda entre os celtas da Bretanha, e da lenda de Layla e Majnun entre os beduínos da Arábia – os protagonistas dos poemas e contos de amor hindu vão se tornando mais individualizados. Esse novo modo de enfocar o amor está intimamente relacionado ao *bhakti* – prática religiosa que contrapõe ao hinduísmo tradicional, abstrato, neutro e impessoal, a autoentrega apaixonada e a devoção fervorosa a um Deus pessoal, íntimo. A influência dessa forma de culto, "cujo principal estado de ânimo sempre foi erótico" (KAKAR; ROSS, 1987, p. 87), na cultura e na sensibilidade hindu, tem sido de tal monta que suas reverberações extravasam em muito o âmbito exclusivo de seus adeptos. Isso por que "o *bhakti* satisfaz o desejo das massas por uma religião emocional, dando-lhe um Deus com quem uma comunhão íntima e cálida poderia ser estabelecida, assim como ocorre entre um ser humano e outro" (ROY, 1975, p. 4).

A história de Krshna e Radha foi um dos produtos do *bhakti*. A versão poética, elaborada no século XII, o *Gita Govinda* de Jayadeva,[55] teria sido produzida, acredita-se, com a ajuda do próprio Krshna. Sua história é constituída por uma sucessão de episódios que procuram criar "um estado de deleite apaixonado" (JAYADEVA, 1947, p. 98). Na interpretação de Kakar e Ross, "a história, que visa a fixar a essência

---

[55] De acordo com George Keyet, tradutor para o inglês da referida edição do *Gita Govinda*, Jayadeva, nascido em Kinduli, Bengala, foi um dos poetas da corte de Lakshmanasena, o último Rei hindu de Bengala. Os bengaleses o veneram até os dias de hoje.

do ardor juvenil, tem uma paisagem mais amorosa do que geográfica; seu cenário não é social nem histórico, mas sensual" (1987, p. 77).

Na série de episódios em que se subdivide a narrativa, Krshna,[56] na forma de um jovem pastor tocador de flauta,[57] aparece como um belo e inconstante sedutor. Amado apaixonadamente pelas *gopis* (pastoras), ele dá atenção ora a uma, ora a outra, indiferentemente, sem fixar-se em nenhuma. A partir de certo momento, todavia, uma das pastoras, Radha, começa a ser amada acima de todas as outras, tornando-se a amante favorita de Krshna. Por ser apenas favorita, mas não exclusiva, Radha, enciumada, abandona Krshna. Escondida e sofrendo por estar longe dele, ela relembra, perante uma amiga, os momentos prazerosos da paixão que os uniu, e expressa seu anseio de vivê-los novamente:

> Oh! Faça-o ter prazer comigo, minha amiga, aquele altivo destruidor de Keshi, aquele Krshna tão inconstante,
>
> A mim, cujas madeixas eram como flores soltas, cujas palavras amorosas
>
> Eram tão suaves quanto as palavras das pombas e dos pássaros, aquele Krshna cujo peito está marcado
>
> De arranhões e que sobrepuja em seu amor tudo o que arte amorosa poderia ensinar.
>
> Oh! Faça-o ter prazer comigo, minha amiga, aquele altivo destruidor de Keshi, aquele Krshna tão inconstante,
>
> Cujo ato de desejo fez os braceletes que ornavam meus pés tilintar
>
> Com um som pulsante, que dava seus beijos agarrando meus cabelos
>
> E para quem em seu amor apaixonado minha cintura vibrava com eloquente doçura.
>
> Oh! Faça-o ter prazer comigo, minha amiga, aquele altivo destruidor de Keshi, aquele Krshna tão inconstante,
>
> Cujos olhos de lótus se fecharam um pouco, e que sonolento ficou,

---

[56] Krshna é uma das encarnações, *avatar*, de Vishnu. *No Gita Govinda*, ele é chamado por vários outros nomes, tais como Vásudeva, Govinda, Hari, Keshva, Mádhava, filho de Nanda e de Devaki, inimigo de Kansa, Mandhu, Keshi etc.

[57] No *Bhagavada Gita*, Krshna toma a forma de um *ksatriya*.

> Tendo experimentado no prazer do corpo comigo o estremecimento final,
>
> Comigo, cujo corpo semelhante a uma parreira desmoronou, incapaz de suportar mais
>
> (JAYADEVA, 1947, p. 30)

Privado da presença de Radha, Krshna se sente desesperado. Reconhecendo estar apaixonado por ela e apenas por ela, ele se arrepende de suas infidelidades e lamenta tê-la magoado:

> Radha profundamente ofendida, transtornada ao ver-me cercado por mulheres,
>
> Abandonou-me, e eu, sentindo-me culpado, não fiz qualquer tentativa de retê-la.
>
> Vejam, ela partiu com raiva, destruído seu amor
>
> (JAYADEVA, 1947, p. 35)

Radha aparece, assim, como alguém muito especial, desejada em sua singularidade, e Krshna como "o amante romântico, impelido em direção a uma amante única, insubstituível", a quem promete ser fiel (KAKAR; ROSS 1987, p. 78):

> Se me perdoares agora, jamais a negligenciarei outra vez,
>
> Oh! formosa, dê-me novamente o seu prazer, pois queimo de desejo!
>
> (JAYADEVA, 1947, p. 36)

Krshna, "que estava enlouquecido de veemente desejo" (JAYADEVA, 1947, p. 57), ordena, então, a uma amiga que parta em busca de Radha. Ao tomar conhecimento da mensagem de Krshna, Radha consente em revê-lo. Krshna, no entanto, não vai até o lugar combinado, no tempo devido. Radha, que o aguarda vestida e ornamentada para o amor, imaginando-o com outra, repele-o quando ele finalmente chega:

> A mim que o segui com devoção como pôde me enganar, tão torturada pela febre do amor como estou?
>
> Ah! Vá Mádhava! Vá Keshava! Não insistas em pronunciar falsas palavras
>
> (JAYADEVA, 1947, p. 72)

Ao entardecer, advertida pela amiga, que a aconselha a pôr fim a seu orgulho, a raiva de Radha se suaviza. Krshna, então, dirige-se a ela dizendo:

> Você é minha vida, você é meu ornamento, você é a joia, a pedra preciosa, na profundidade do oceano de todo o meu ser,
> Seja generosa comigo, e assim continue a ser, e meu coração se empenhará sempre em ser merecedor de você!
> Oh amada, Oh formosa, abandone o orgulho infundado contra mim.
> Meu coração arde no fogo do desejo; dê-me a doce bebida de sua face de lótus!
> (JAYADEVA, 1947, p. 81)

Essa transformação "da sensação de desejo em adoração amorosa dá ao *Gita Govinda* seu impacto singular" (KAKAR; ROSS, 1987, p. 79). Estando saciados pelo amor, após a reconciliação, "Radha, cujo amante jaz prostrado em seu poder, exausto pelo prazer do amor" (JAYADEVA, 1947, p. 100), pede a Krshna que a ajude a se vestir e se ornamentar. Ele, carinhosamente, consente:

> Ela disse à alegria de seu coração, à delícia de Yadus,
> Oh doador de prazer, sobre minhas tranças, desmanchadas pelo desejo, coloque flores,
> Que o meu cabelo, belo que as plumas do pavão, sobressaia preso apenas pelas fitas do Amor!
> Ela disse à alegria de seu coração, à delícia de Yadus,
> Oh maravilhosa alma, coloque em minha cintura a guirlanda, as roupas, e as joias.
> Cubra meus belos quadris, deliciosos e firmes, a caverna do Amor a ser temida!
> Molde meus seios, pinte meu rosto e coloque ao redor de meus quadris uma guirlanda,
> Trance meus cabelos como uma linda grinalda e ponha muitos braceletes em minhas mãos e joias em meus pés.
> E assim ele que se vestia todo de amarelo fez o que ela lhe pedia.
> (JAYADEVA, 1947, p. 101-102)

Em versões posteriores, tais como as de Vidyapati, Chandidas e Gobindadas, famosos poetas bengaleses do século XV, Radha aparece como uma mulher casada, e seu amor por Krshna como um amor adúltero (*apud* ROY, 1975, p. 39). Essa diferença entre a versão de Jayadeva e as posteriores não é, contudo, de grande relevância. Primeiro, porque, em ambas, o que une Radha a Krshna permanece sendo um laço extraconjugal. Depois, porque, também em ambas, os prazeres erótico-amorosos e os sofrimentos advindos da separação dos dois amantes constituem o tema central de toda a narrativa. Como personificação do *mahabhava* (da intensificação dos prazeres erótico-amorosos),[58] que não se atém à correção social e não é limitado por convenções, Radha não é nenhum modelo de virtudes femininas. Isso não significa que ela pertença ao panteão das deusas-mães, más e destrutivas, como Kali.

O fato de Radha ser necessariamente a amante e não a esposa de Krshna deve-se à dificuldade, na cultura hindu, de se expressar a unicidade da realidade divina, através do relacionamento conjugal: "Sri Krshna e Sri Radha são amantes, não esposos. Nessa arrojada imagem sagrada o mito chama a nossa atenção para a unicidade da realidade divina. A consciência divina e seu *sakti* são um como os amantes, não dois como os esposos!" (RAMCHANDRA GANDHI, 1982, p. 221).

Esse mesmo fato é interpretado por Madeleine Biardeau sob outro ângulo: o da impossibilidade de o relacionamento esposa--esposo, tão carregado de considerações ao mérito, à casta, ou ao *status* familiar, expressar o relacionamento entre as almas dos devotos e a divindade, Krshna, com a qual elas aspiram a se fundir, de modo a obter a salvação e a consequente liberação:

> A alma tem um relacionamento imediato com Deus, um relacionamento que não é mediado pelo *dharma*, pelo cumprimento dos ritos. Ela se coloca ante ele despojada tanto do ornamento como do mérito, sem a casta ou a família, reduzida ao seu eu íntimo. Uma esposa legítima não poderia simbolizar essa alma, desde que ela, de modo contrário, deve colocar entre ela mesma

---

[58] "O aumento da paixão ou, mais especificamente, a intensificação da excitação sexual, é então o grande sentimento, o *mahabhava*, que perpassa a lenda de Radha-Krshna" (KAKAR; ROSS, 1987, p. 88).

e seu marido a cadeia do *dharma*, os preceitos e as exigências sociais. Além disso, o marido tem um sentimento de propriedade – de "meu" *(mama)* – em relação à sua esposa, um sentimento que favorece mais o desenvolvimento do *ahamkara*[59] do que sua transcendência (1989, p. 146-147).

Mircea Eliade também considera a relação entre amantes como a mais adequada "para ressaltar o absoluto instaurado pela experiência mística e a dessolidarização total da sociedade e de seus valores morais" (1983, p. 125).[60] Diferentemente da *unio mystica* da tradição cristã, representada pelo casamento da alma com Cristo, a busca da fusão da alma com a divindade simbolizada no *Gita Govinda* expressa "um relacionamento incondicional (não submetido a normas) com deus como o amante" (KAKAR; ROSS, 1987, p. 94). Nessa busca, a transformação de dois em um através do ato sexual é o símbolo perfeito da liberação da alma individual e de sua dissolução na divindade.

Situado na esfera do divino, o amor entre Krshna e Radha é denominado de *preman* e não de *kama*.[61] Conforme observa Madeleine Biardeau, isso ocorre "a fim de distingui-lo mais claramente do amor humano que ele parece imitar" (1989, p. 147). Tal distinção não demanda, contudo, uma espiritualização do amor. Como foi visto anteriormente, a alegria inefável e o êxtase da união final entre a alma humana, simbolizados por Radha, e a alma universal, Krshna, assim como as dores da separação, são expressos em termos de um amor carnal, de um amor no qual as manifestações corporais do desejo são claramente descritas. O aspecto físico do amor no *Gita Govinda* não é, todavia, algo separado do espiritual. Bem ao contrário, nele "o lado físico possui todas as qualidades genuínas e duradouras do espiritual" (KEYT, 1947, p. 9). Em sua fruição, nada é trivial: "a mais fugidia emoção, assim como qualquer pequeno gesto ou sensação física, é importante no amor; a relação e a

---

[59] O ego empírico.

[60] É por estar livre das considerações hierárquicas, inerentes ao relacionamento conjugal tal como ele é concebido pelos hindus, que Radha pode, por exemplo, "dirigir-se a Krshna como "*tu chora*" (você ladrão), o que seria impensável para uma esposa, que é obrigada a usar a forma de referência da segunda pessoa, mais respeitosa, ao falar com o marido" (KAKAR; ROSS, 1987, p. 96).

[61] *Kama* é o termo indiano utilizado para designar o amor-desejo-prazer terreno.

associação dos arredores – árvores, flores, pássaros – e a hora, a estação adequada, os ornamentos corporais e o uso de unguento e perfumes" (KEYT, 1947, p. 9).

Por tudo isso se compreende que Jayadeva, venerado como um grande poeta e também como um santo, não faça uma distinção entre a experiência religiosa e a erótico-amorosa. Ao convidar os devotos de Krshna a ouvi-lo, ele diz:

> Se em relembrar Hari há um sabor
> E se há interesse na arte do amor,
> Então essa corrente de palavras –
> doces, ternas, luminosas –
> As palavras de Jayadeva, ouça!
> (JAYADEVA, 1947, p. 13)

A concepção de que o prazer que se obtém ao se ouvir o *Gita Govinda* é, simultaneamente, estético, erótico e místico, implícita no convite de Jayadeva, expressa-se em um único termo sânscrito, rasa, que significa "gosto, gozo e, em decorrência, emoção prazerosa, estética, erótica ou mística, ou todas três ao mesmo tempo" (BIARDEAU, 1989, p. 185). Essa indistinção entre a experiência religiosa e a erótico-amorosa ocorre também nas versões posteriores mais populares e menos sofisticadas do *Gita Govinda*. Vidyãpati e Chandidãs, por exemplo, retratam "a primeira impressão estremecida do amor, a força irresistível de sua influência, o amargo sofrimento da separação e do ciúme, o funcionamento da esperança e os efeitos do desespero" (ROY, 1975, p. 39). As pessoas que os leem e ouvem identificam-se com Radha e Krshna mais pelo prazer vicário derivado da narrativa do que por causa de puros sentimentos religiosos.

Para captar mais claramente a especificidade do amor de Krshna e Radha, é preciso compará-lo ao expresso em o *Cântico dos cânticos*, principalmente porque há semelhanças inegáveis entre os dois textos. Tais similitudes têm sido interpretadas por alguns estudiosos e exegetas judeus e cristãos como decorrentes da influência exercida pela literatura erótico-religiosa indiana sobre a civilização hebraica. Esta hipótese se torna plausível quando se leva em consideração, segundo as últimas descobertas arqueológicas, a existência de relações comerciais intensas com a Índia, na época do Rei Salomão. De acordo com um desses intérpretes, Chaim Rabin, "essa influência indiana manifestar-se-ia no texto do Cântico pelo fato de que é a mulher o sujeito principal da enunciação, que a renovação da natureza é ali sistematicamente celebrada e, por fim, que a nota dominante do sentimento amoroso, para além de certa agressividade do macho, é o langor do amante, coloração particularmente familiar, segundo o autor, a poesia tamil" (*apud* KRISTEVA, 1988, p. 107-118).

Tais paralelismos não nos devem fazer esquecer, contudo, que o amor do Rei Salomão por Sulamita, diversamente do de Krshna por Radha, é um amor profano, expresso por um personagem que faz parte da história do povo judaico. O fato de esse amor profano poder ser interpretado como uma expressão alegórica do amor de Jeová pelo povo eleito não o faz ser um amor divino no mesmo sentido que o de Krshna e Radha, visto que esse último "não é uma alegoria para a paixão religiosa, mas a própria paixão religiosa" (KAKAR; ROSS, 1987, p. 88). Diverso também é o tratamento dado à fusão carnal, explicitamente abordada em um, e inominável no outro.

Ao lado dessas diferenças, há ainda outras que devem ser levadas em consideração. No *Cântico,* o amor não é ilícito, mas "conjugal, exclusivo, sensual, ciumento" (KRISTEVA, 1988, p. 119). Foi nele que, pela primeira vez e de uma forma literária ainda inédita, a "esposa toma a palavra diante de seu Rei, esposo ou Deus, para submeter-se a ele, é bem verdade. Mas como amante amada. É ela que fala e quem se iguala, em seu amor legal, nomeado, não culposo, à soberania do outro" (KRISTEVA, 1988, p. 121-122). Além disso, "a enunciação do *Cântico* é especificamente individualizada, assumida que é por sujeitos autônomos e livres que, como tais, aparecem pela primeira vez na literatura amorosa mundial" (KRISTEVA, 1988, p. 108).

Por ser extramundano e divino, o amor de Krshna e Radha escapa às noções de amor domesticado e disciplinado utilizadas na análise dos amores de Tristão e Isolda e de Layla e Majnun. Na esfera do divino, em que as convenções do mundo cotidiano estão suspensas, a atração erótica intensa, inerente à paixão amorosa, realiza-se em sua plenitude, perdendo assim seu potencial destrutivo, que necessita ser disciplinado ou domesticado, a fim de se enquadrar ao mundo da vida cotidiana e servir a seus interesses.

Como pura expressão de uma paixão amorosa na qual o corpo, a alma, o desejo sexual e as afinidades espirituais não se dissociam, em que os ciúmes, as separações e as desolações servem apenas à intensificação do prazer produzido pela união,[62] mais gloriosamente vivenciada devido à ansiedade com que é desejada, o *Gita Govinda* produz no leitor um sentido de paz, e não de tormenta e angústia. Ele visa a criar um estado de apaixonado deleite e encanto; não é trágico, mas terno e alegre: "É mais uma evocação e elaboração do aqui-e-agora da paixão, uma tentativa de capturar os momentos excitantes e transitórios dos sentidos e as maneiras surpreendentes pelas quais os prazeres e os sofrimentos são vivenciados, antes que a lembrança retrospectiva, que tenta recuperar o controle perdido sobre a vida emocional, expulse as inevitáveis confusões do amor" (KAKAR; ROSS, 1987, p. 76-77).

A esse amor divino, *preman*, que pressupõe o "êxtase, o estado sem ego, a beatífica bem-aventurança daquele que realizou a identidade transcendente" (ZIMMER, 1991, p. 396), opõe-se o amor-desejo-prazer terreno, *kama*, ligado ao ego (*aham*). A esse amor terreno, que permeia as relações entre homens e mulheres concretamente dados, em sua vida cotidiana, é que se aplica a noção de disciplina.

A compreensão do *kama* e da *disciplina* a que ele se submete depende, no entanto, de duas outras noções, as de *dharma* e de *artha*. Com efeito, quando se trabalha com o material indiano referente às relações de gênero mediadas pelo casamento e pela sexualidade, as categorias que emergem não são as de amor (romântico) e de poder (repressão), mas as de amor-desejo-prazer (*kama*), dever-moralidade (*dharma*) e prosperidade (*artha*). O *kama*, o *artha* e o *dharma* – onipresentes não apenas nas considerações relativas à vida familiar e sexual, mas em quaisquer outras concernentes aos fins almejados pelos seres humanos em sua vida cotidiana – costumam ser denominados por um único termo, *trivarga*. A compreensão do *trivarga* depende, por sua vez, da compreensão do *moksa,* que diz respeito ao fim mais elevado a que se pode aspirar: a liberação das cadeias que nos prendem a esse mundo. Esses fins ou objetivos da

---

[62] Mais do que unir, religar, termo etimologicamente semelhante ao de religião.

vida humana – *kama, artha, dharma* e *moksa* – são denominados, conjuntamente, de *purusarthas*.

A necessidade de se analisar o *kama*, não substancialmente, como se seu significado estivesse contido nele mesmo, mas através de sua interação hierárquica com os outros componentes do *purusarthas*, decorre do próprio material pesquisado.[63] Da mesma maneira, as referências constantes feitas aos termos sânscritos *kama, artha, moksa, dharma, purusarthas, aham, sakti* e *rasa* provêm da impossibilidade de se traduzir, por meio de uma só palavra, as acepções e associações que esses termos evocam.[64] Por meio dessas referências, procura-se, por um lado, contornar erros de interpretação e, por outro, tornar mais fácil, ao leitor, a compreensão de categorias de pensamento construídas a partir de uma visão de mundo diversa da que lhe é habitual.

Com efeito, somente quando se examinam "todas as acepções de um termo sânscrito qualquer, pode-se observar o pensamento indiano em funcionamento, como se ele fosse visto por dentro" (ZIMMER, 1991, p. 40). Destarte, a fim de analisar o amor, não mais divino ou extramundano, como o de Krshna e Radha, mas entre homens e mulheres que ocupam posições sociais e desempenham papéis previamente prescritos, será preciso dar conta, inicialmente, das múltiplas significações do termo *kama*.

---

[63] A necessidade de o antropólogo seguir o que a sociedade que escolheu estudar lhe impõe é ilustrada por Evans-Pritchard de uma forma exemplar, ao relatar suas experiências de campo entre os Azande e Nuer: "Eu não tinha interesse por bruxaria quando fui para a terra Zande, mas os Azande tinham; de forma que tive de me deixar guiar por eles. Não me interessava especialmente por vacas quando fui aos Nuer, mas os Nuer se interessavam, então tive aos poucos de me interessar por gado" (1978, p. 301).

[64] A tradução de termos tão complexos e ricos não nos permitiria compreender o pensamento indiano em sua completude. Para obter essa compreensão, é preciso "fazer penetrar a comparação até nas próprias categorias de referência" (DUMONT, 1989, p. 17). Caso não se tome essa precaução, pode-se incorrer em um erro análogo aos daqueles que, ao analisar uma obra de arte grega, tomassem como referência os cânones da arte asteca. Algumas polêmicas relativas à teoria do parentesco de Lévi-Strauss, levantadas por antropólogos ingleses, provieram, em certos casos, de uma percepção insuficiente do duplo sentido dado ao termo francês, *femme*, que designa simultaneamente mulher (*woman*) e esposa (*wife*), e do duplo sentido do termo *parent*, que designa o parentesco por filiação (*kins*) e por afinidade (*affines*).

O amor disciplinado no contexto indiano

> *Cada cultura humana é talvez uma espécie de espelho mágico para as outras. Algumas vezes parece ser uma superfície comum de vidro revestido de prata que reflete fielmente os contornos, planos e detalhes de nossos próprios rostos familiares. Outras vezes, devolve obscuras e ameaçadoras faces, fortes sugestões de nosso próprio eu renegado que pensávamos não mais existir.*
>
> Kakar (1990, p. 8)

A integração entre o corporal e o espiritual na expressão do amor disciplinado

A noção de *kama* expressa uma forma de pensar o amor na qual os aspectos corporais e espirituais estão intrinsecamente relacionados.[65] Abarcando simultaneamente o prazer e o amor, o *kama* refere-se não apenas aos prazeres sexuais, mas também aos provenientes dos cinco sentidos. Em sua acepção ampla, ele designa os objetos do desejo e "mesmo a própria faculdade de desejar" (MALAMOUD, 1982, p. 45). Tais conotações sensuais do *kama* fazem com que seja traduzido mais frequentemente por prazer do que por amor.[66] Sua

---

[65] Nesse modo de pensar não há uma separação entre os sentimentos amorosos, que nos impulsionam em direção ao ser amado, e a atração sexual, que lhe é subjacente.

[66] Madan traduz *kama* ora por "prazer" ora por "apetites corporais" (1982, p. 229, 236); Madeleine Biardeau, por "desejo amoroso e prazer" (1989, p. 41); Malamoud por "prazer sensual, mais precisamente prazer sexual", "atração sensual", "amor físico" (1982, p. 45, 51, 66); Zimmer opta por

expressão fortemente corporal e sensual não significa que ele esteja ligado à natureza animal do ser humano: "a ênfase no amor físico é, na realidade, a forma indiana de humanização da sexualidade" (BIARDEAU, 1989, p. 52), é um meio de trazê-la para o reino da cultura e da tradição brâhmica.

Por essa razão, o *Kama sutra*[67] — que pode ser considerado, em outros contextos culturais, como pornográfico e obsceno por descrever minuciosamente as diferentes práticas sexuais e os meios a serem empregados para se obter o máximo de gozo possível — tem sido reputado pelos indianos, desde que foi escrito há quase dois mil anos, tão legítimo e necessário quanto os tratados (*shastras*) relativos ao *artha* e ao *dharma*.[68] Vatsyayana, seu autor, é reverenciado por toda a Índia como o Grande Vidente (Vatsyayana Maharshi).[69]

De acordo com o *Kama Sutra*, "*kama* é o gozo dos objetos adequados pelos cinco sentidos — audição, tato, visão, paladar e olfato — com a ajuda da mente e da alma. A sua essência é o contato peculiar do órgão sensório com o seu objeto, sendo a consciência do prazer resultante desse contato chamada *kama*" (VATSYAYANA, 1993, p. 70). Essa definição, aceita e adotada em outros textos clássicos da literatura indiana,[70] permanece válida até os dias atuais.

Assim concebida, a sexualidade humana é considerada mais livre e, ao mesmo tempo, menos livre do que a dos animais. Mais

---

"desejo, apetite, satisfação carnal, concupiscência, amor e prazer sensual" (1991, p. 111); Inden traduz como "prazer pessoal" (1982, p. 100); e Dumont por "gozo imediato" (1966, p. 331).

[67] O *Kama sutra* foi traduzido para o inglês por Burton e Arbuthonot em 1883. Fundadores da Sociedade Kamashastra, cujo objetivo era difundir a literatura hindu sobre o *kama* na Londres vitoriana dos fins do século XIX, eles tiveram de enfrentar uma série de problemas ao realizar a tradução. A moralidade da época os obrigou a verter certas passagens para o latim e a utilizar o termo "boca" no lugar de *iôni*. Mesmo assim, algumas de suas publicações foram incluídas no *Índex librorum prohibitorum* (*apud* ARCHER, 1993, p. 10-23).

[68] As três metas ou finalidades da vida humana — *kama*, *artha* e *dharma* — sempre foram objeto de reflexões e de estudos meticulosos: "em cada esfera, no devido tempo, um autor passou a ser considerado como a autoridade máxima: Manu, na literatura de *dharma*, Kautilya, na literatura de *artha*, e Vatsyayana, na literatura de *kama*" (PANIKKAR, 1993, p. 32).

[69] A legitimidade e mesmo sacralidade concedida aos prazeres do sexo, tão opostas à conotação negativa dada pela moral sexual cristã a esses prazeres, estão presentes na revelação, feita por Vatsyayana, de que o Kama sutra foi escrito quando ele era estudante de religião e estava "inteiramente entregue à contemplação da Divindade" (1993, p. 206).

[70] Tomando como exemplo o *Mahabharata* (3, XXX, p. 30, 37, 38 *apud* MEYER, 1953, p. 338), pode-se constatar que, nele, a definição do *kama* segue esse mesmo esquema.

livre, por um lado, porque, diferentemente dos animais, os seres humanos são capazes de se unir sexualmente não apenas durante a temporada do acasalamento, mas em qualquer época, e, por outro, porque somente eles são aptos a refinar e a intensificar os prazeres sexuais com a ajuda da mente e da alma. E menos livre, por lhes ser necessário "discipliná-la", para que a vida social seja possível.[71]

Nessa linha de argumentação, os seres humanos adquirem mérito "não pela negação da existência do corpo e de seus apetites, mas por refiná-los e trazê-los sob o controle de sua vontade" (MADAN, 1981, p. 142). Essa procura pelo refinamento e pela intensificação do prazer, a que se propõe o *Kama sutra*, difere radicalmente da busca da verdade sobre o sexo, na qual se empenham pesquisadores e cientistas do mundo ocidental. Enquanto na arte erótica oriental "a verdade é extraída do próprio prazer", na ciência sexual produzida no Ocidente é a confissão que se coloca "entre os rituais mais importantes de que se espera a produção da verdade" (FOUCAULT, 1988, p. 58). Em decorrência, temos verdades confessadas, "mas estamos muito longe das sábias iniciações ao prazer com sua técnica e sua mística" (FOUCAULT, 1988, p. 62).[72]

Além disso, na visão hindu, a valorização do *kama* se dá não apenas por ele ser uma das finalidades da vida humana, mas também por ser "concebido como a contrapartida da civilização, o simbolismo religioso dos hindus ressalta isso, em todos os níveis. É a união de *purusha* (ou matéria) com *prakriti* (ou energia), simbolizada como a união de Xiva e Sakti que, segundo se diz, cria o mundo. O símbolo de Xiva é o *linga* (falo) e o de Sakti é o *iôni*" (PANIKKAR, 1993, p. 32). Compreendem-se, assim, as razões pelas quais imagens de casais envolvidos em diferentes práticas sexuais — que simbolizam

---

[71] Para ressaltar essa dualidade do kama, utilizei a versão do *Kama sutra* (I.2, 22) citada por Malamoud (1982, p. 44n), que é bem mais esclarecedora do que a versão do *Kama sutra* de Burton e Arbuthonot, que usei nas citações anteriores.

[72] Seja em um contexto litúrgico, em consultas médicas ou psicanalíticas, ou mesmo em narrativas autobiográficas, a confissão no Ocidente "foi, e permanece ainda hoje, a matriz geral que rege a produção do discurso verdadeiro sobre o sexo. Não se trata somente de dizer o que foi feito — o ato sexual — e como; mas de reconstituir nele e ao seu redor, os pensamentos e as obsessões que o acompanham, as imagens, os desejos, as modulações e a qualidade do prazer que o contém" (FOUCAULT, 1988, p. 62-63).

metaforicamente a união mística da alma com a divindade – estão esculpidas nas paredes de alguns templos hindus.

Os conselhos de Vatsyayana aplicam-se a ambos os sexos, visto que no *Kama sutra* "a mulher não é um instrumento dominador nem passivo; ela é o parceiro necessário e respeitado. Seu próprio desejo deve se igualar ao do homem e encontrar a satisfação ao mesmo tempo que ele. A experiência do amor é analisada como uma autodespossessão, uma fusão com o parceiro. Para cada um, é o prazer do outro que conta" (*apud* BIARDEAU, 1989, p. 51). Entre esses conselhos, alguns visam a refinar e intensificar o prazer sexual, outros se referem à anatomia dos parceiros, os quais, dependendo de suas conformações físicas, podem ser mais ou menos aptos a se gratificarem mutuamente. Outros ensinamentos tratam de outras formas possíveis de união sexual meticulosamente enumeradas, todas elas tidas como válidas e legítimas,[73] assim como das várias práticas de sedução. Há ainda recomendações sobre o desenvolvimento de habilidades artísticas ligadas ao canto, à dança, à música, à poesia, à prática dos esportes, ao conhecimento da jardinagem e da etiqueta social. Tudo isso porque é preciso ter o espírito e o corpo cultivados com interesses intelectuais e artísticos para se "levar uma vida de prazeres, adequada e disciplinada" (PANIKKAR, 1993, p. 41).

Em decorrência dessa apreensão da sexualidade como um prazer a ser usufruído com arte e de uma forma quase que sacramental,[74] a disciplina a que o *kama* se submete refere-se exclusivamente aos limites impostos ao usufruto desse prazer pelas outras finalidades da vida do homem-no-mundo que lhe são hierarquicamente superiores: o *artha* e o *dharma*.[75] O fato de o *kama* ser limitado pelo *artha*

---

[73] A validade conferida às mais variadas técnicas eróticas é enfatizada por Biardeau, ao dizer que "as mulheres de um harém real, por exemplo, muito numerosas para o único homem ao qual estão ligadas, devem recorrer a outros meios de obter satisfação, e aqui também, todos os meios são legítimos" (1989, p. 52).

[74] As várias significações dadas ao termo *kama* se aproximam das atribuídas ao termo havaiano *le'a*, que designa simultaneamente "júbilo, prazer, felicidade, satisfação sexual, orgasmo, prazeroso, encantador, feliz". Em sua forma causativa, *ho'ole'a*, ele "quer dizer exaltar ou louvar, como em Deus seja louvado (*ho'ole'a i ke Akua*)" (SAHLINS, 1990, p. 25).

[75] O *artha*, hierarquicamente inferior ao *dharma*, mas superior ao *kama*, relaciona-se à aquisição dos bens materiais e do poder, assim como aos meios de obtê-los. Ele designa também aquilo que é almejado, tudo "que é bom, útil" (BIARDEAU, 1989, p. 53). Diferentemente do *kama*, essencialmente

e pelo *dharma* não significa que o prazer seja "menos desejável, ele é desejável em seu lugar subordinado" (Dumont, 1992, p. 118n). Em um contexto hierárquico, "o inferior (o prazer) é, ao mesmo tempo, limitado e consagrado por sua associação aos objetivos superiores" (Dumont, 1992, p. 118n.).[76] Essa mesma ideia é formulada, em outros termos, da seguinte forma: "o preenchimento das obrigações morais é a virtude mais elevada. O amor não se opõe, assim, ao dever, mas é absorvido nele" (Madan, 1981, p. 141). É por esse motivo que a obrigação das mulheres de procriar, ou, mais precisamente, de dar um filho homem ao marido, não é prescrita em oposição ao prazer, mas englobando-o (*Manu* III, 60-61 *apud* Biardeau, 1989, p. 47).

A percepção dos prazeres sexuais como intrinsecamente válidos e legítimos, por serem tão necessários à existência e ao bem-estar do corpo quanto os alimentos (Vatsyayana, 1993, p. 73), contrasta fortemente com a concepção cristã. A cristandade sempre teve uma visão negativa em relação aos prazeres dos sentidos, em geral, e aos sexuais, em particular:

> Há, no centro da moral cristã, uma desconfiança muito aguda em relação aos prazeres carnais, porque eles mantêm o espírito prisioneiro do corpo, impedindo-o de se elevar em direção a Deus. É necessário comer para viver, mas deve-se evitar se entregar aos prazeres da gula. Da mesma maneira, somos obrigados a nos unir a outro sexo para gerar filhos, mas não devemos nos prender aos prazeres sexuais. A sexualidade nos foi dada somente para nos reproduzirmos. Utilizá-la para outros

---

subjetivo, o *artha* é, simultaneamente, subjetivo e objetivo. Subjetivo, por estar ligado ao desejo de adquirir poder e riqueza, e objetivo, pois "é o consenso social que designa o que é *artha*" O *dharma* provém não da vontade de um legislador humano ou divino, mas da "ordem sociocósmica que organiza o mundo empírico" (Biardeau, 1989, p. 41). As normas impostas pelo *dharma* não dizem respeito aos "direitos imprescritíveis de cada um como indivíduo", mas sim ao *svadharma*, "um dever diferenciado segundo a condição de cada um" (Dumont, 1989, p. 77). As fontes do *dharma* são o *sruti* (os vedas), o *smrti* (os *dharmasāstras*), o *sadācār* (a conduta do homem bom) e o *ātamtusti* (a autossatisfação) (*apud* Shah, 1982, p. 61).

[76] Em certas circunstâncias, todavia, o *svadharma* de uma determinada casta ou categoria social pode exigir a colocação do *artha* (no caso dos *kshatriya*) ou do *kama* (no caso das mulheres) numa posição central. A consideração do kama como o dever primordial das mulheres está intimamente relacionada à exigência que lhes é imposta de se dedicarem incondicionalmente aos maridos: "quando se conhece o lugar central do desejo amoroso no laço matrimonial, a dedução é autoevidente" (Biardeau, 1989, p. 47).

fins, como o prazer, por exemplo, é malbaratá-la (FLANDRIN, 1986, p. 135-136).

Nessa perspectiva, o sexo é concebido "como uma espécie de mal necessário, lamentavelmente indispensável para a reprodução humana" (RICHARDS, 1993, p. 34). A visão do sexo como dever e não como prazer se evidencia em diversos documentos eclesiásticos da Idade Média. Nesses, o exercício da sexualidade é considerado como um *debitum*, ou seja, como um dever ou uma dívida que cada cônjuge teria o direito de exigir do outro, desde que fosse com fins procriativos e com o objetivo de apagar o desejo, e não de incendiá-lo.[77] Dessa maneira, "era um pecado mortal fazer amor com a esposa unicamente por prazer" (RICHARDS, 1993, p. 34). Além de pecaminosa, a busca do prazer pelos esposos incontinentes poderia acarretar a possibilidade de eles terem filhos "leprosos ou epilépticos, ou talvez mesmo demoníacos", segundo a advertência do bispo Cesário de Arles, pronunciada no século VI (*apud* LE GOFF, 1992, p. 159). Mil anos depois, os desejos sexuais ainda eram tidos como a fonte de todos os males. Em *O martelo das feiticeiras*, publicado em 1484, os inquisidores Kramer e Sprenger atribuem aos "desejos carnais do próprio corpo" o "mal desarrazoado da vida humana" (1991, p. 119). No século XVI, momento em que o Concílio de Trento enfatiza a importância da confissão, tais concepções induzem ao florescimento dos "manuais de confessores", que assinalam as perversões sexuais a serem combatidas pelos cônjuges, e ditam "regras sobre as posições do ato sexual" (ALMEIDA, 1992, p. 99). Nos séculos posteriores, há um abrandamento na demonização da sexualidade. Nesse novo contexto, a busca do prazer dentro do casamento e dos cânones prescritos começa a ser sancionada "com a condição, é claro, que nada façam para impedir a procriação que permanece sendo a finalidade essencial do ato sexual" (FLANDRIN, 1984, p. 158).

Outra diferença entre a concepção da sexualidade vigente no contexto indiano e a que vigora no Ocidente diz respeito ao

---

[77] A oposição entre o prazer e o dever, característica do pensamento cristão tradicional, está também presente, embora de forma invertida, nas propostas de liberação sexual acatadas, atualmente, por certos setores mais modernizados da sociedade ocidental, segundo as quais o usufruto do prazer é obtido com muito mais intensidade quando isento de deveres ou compromissos prévios.

papel desempenhado pelas mulheres. Enquanto no imaginário tradicional ocidental elas aparecem como belas adormecidas que precisam ser despertadas para o prazer, no *Kama sutra* e na mitologia indiana elas são parceiras ativas. Alguns mitos chegam a dar "a iniciativa do desejo à mulher" (BIARDEAU, 1989, p. 47). Também a ideia, comumente aceita no Ocidente, de que a sexualidade natural, verdadeira, livre e sadia seria aquela que brota do íntimo do indivíduo, espontaneamente, se opõe à adotada no contexto indiano, uma vez que "qualquer ação desse gênero não seria associada, pelo pensador hindu, à categoria do humano" (SARAN, 1962, p. 59). Essa mesma forma de pensar é acatada também por alguns antropólogos, como Le Breton (2009), e psicanalistas, como Hélio Pellegrino. Para Pellegrino, em particular, os seres humanos estão inevitavelmente predestinados a viverem segundo normas e padrões preestabelecidos, tanto quanto estão condenados à liberdade, no dizer de Sartre.[78] A seu ver, a sujeição à língua (*langue*), que impõe limites, regras, prescrições e interdições à fala (*parole*), longe de ser um empecilho à liberdade e à espontaneidade criadora, torna mais livre, "mais elegante e dançarina a minha *parole* de sujeito livre" (1989, p. 17).

É preciso destacar ainda outra divergência: a da apreensão da sexualidade, pelos pensadores hindus, como uma atividade ameaçadora para os homens. Com efeito, a emissão do sêmen é considerada "esmorecedora, um desperdício debilitante de vitalidade e de energia essenciais" (KAKAR, 1990, p. 119), até mesmo no que se refere ao poder de fertilidade. Dessa maneira, "o coito age como uma prática devoradora sobre o homem, mais do que sobre a mulher (DAS, 1976, p. 135). Por isso, cada homem hindu considera a retenção do sêmen como "símbolo da virilidade, a qual é desperdiçada se ele tem intercursos sexuais frequentes" (ROY, 1975, p. 121). Os psicanalistas indianos, por sua vez, enfatizam muito mais os benefícios da sublimação da sexualidade do que os perigos ou malefícios de sua repressão.[79] O *brahmacharya* (abstinência sexual),

---

[78] "Condenado porque não se criou a si próprio e, no entanto, livre porque, uma vez lançado ao mundo, é responsável por tudo quanto fizer" (SARTRE, 1978a, p. 9).

[79] Conforme assinala Kakar, "a espiritualidade indiana é preeminentemente uma teoria da sublimação"

recomendado apenas aos homens, aparece, assim, como essencial para estimular e incrementar a criatividade, a memória, o poder espiritual e a inspiração artística e científica.

A preocupação com a sexualidade, seja para usufruí-la com arte, como propõe o *Kama sutra*, seja para contê-la pelo *brahmacharya*, é parte constitutiva da cultura hindu: "a sexualidade, quer no florescimento da arte indiana erótica e nos rituais dionisíacos da religião popular, ou no combate dramático dos iogues ascéticos com seus desejos, que buscam subjugar e transformar em poder espiritual, tem sido uma preocupação perpétua da cultura hindu" (KAKAR, 1990, p. 118). Inúmeros sábios indianos, consagrados pelo seu poder mental e espiritual, entre os quais se inclui Gandhi,[80] são admirados pela sua adesão ao *brahmacharya*. Essa conotação positiva dada à abstinência sexual – cuja motivação não provém da associação entre o prazer sexual (luxúria) e o pecado, como se poderia pensar – revela-se nos termos utilizados por Gandhi para designar a luxúria e a paixão: *vishaya* e *vikara*, respectivamente. O primeiro, que se relaciona etimologicamente a veneno, denota que a luxúria não é tida "como pecaminosa, mas como contaminadora do elixir da imortalidade". O segundo, cujo significado liga-se à ideia de distorção, revela que a paixão é apreendida como "ondas da mente que distorcem as águas límpidas da alma", e o estar apaixonado como "sofrer a distorção da verdade" (*apud* KAKAR, 1990, p. 100-101).

O que está em questão na concepção hindu do amor disciplinado não é, pois, o controle da maneira como se processa a fruição do *kama*, mas as relações hierárquicas deste com os demais

---

(1990, p. 118). Por essa razão, apesar "das semelhanças superficiais entre os conceitos junguianos e o pensamento indiano" (1990, p. 118), é Freud, e não Jung, que fascina a mente indiana. Para uma compreensão mais aprofundada da noção de *brahmacharya*, ver Ramchandra Gandhi (1982).

[80] A adesão de Gandhi ao *brahmacharya*, em 1906, aos 37 anos, decorreu de seu desejo de desenvolver poderes mentais e espirituais necessários à sua luta contra o *apartheid* na África do Sul, e, posteriormente, contra a dominação britânica na Índia. Para uma melhor compreensão da interação entre as lutas políticas de Gandhi, a contenção de sua sexualidade e seus interesses espirituais, assim como das peculiaridades do relacionamento entre homens e mulheres na Índia, ver *Gandhi and Women* (KAKAR, 1990). As dificuldades sentidas por ele para manter o *brahmacharya*, devido a seu "apego carnal", assim como seu orgulho, vinte anos depois, por ter conseguido fazê-lo, levam-no a recomendar àqueles que optam pelo *brahmacharya* que tenham consciência de suas deficiências e não deixem jamais que as paixões que habitam os "recantos mais obscuros de seu coração" os dominem (GANDHI, 1971, p. 206-212).

componentes do *trivarga*. Por meio desse escalonamento hierárquico, ordenam-se e classificam-se diferentes tipos de ações, não de forma estática, mas dinâmica, uma vez que elas dependem do contexto em que a ação ocorre e do *status* da pessoa envolvida.[81] Se, substancialmente, as coisas se reduzem a um único plano de consideração, na ordenação hierárquica não há um nível privilegiado: "o *dharma* não se apresenta como uma ordem de valores que permeia tudo, mas, num sentido amplo, como um princípio estruturante da totalidade do real que deixa espaço para o interesse material e para o desejo sexual" (KAKAR, 1990, p. 43). É por essa razão que esses níveis de realidade retêm sua própria autonomia e legitimidade. O que importa é que a dedicação aos prazeres sensuais não seja de tal monta que implique a negligência do *artha*, nem que a busca do *artha* se torne tão obsessiva a ponto de ignorar o *dharma*, que, por sua vez, sem o *kama* e o *artha* seria infrutífero, estéril. Pensar o contrário pressupõe uma interpretação da relação entre o *kama*, o *artha* e o *dharma* fundamentada numa percepção própria à visão individualista da vida social, que postula a existência de fins supremos responsáveis por impor "normas transcendentes que impedem frequentemente a satisfação de nossas necessidades" (BIARDEAU, 1989, p. 43).

No *Kama sutra*, a noção de disciplina, à qual o amor, *kama*, deve se submeter, se coloca nos seguintes termos: "o homem sagaz e prudente, praticando *dharma*, *artha* e também *kama*, sem se tornar escravo de suas paixões, consegue êxito em todos os seus empreendimentos" (VATSYAYANA, 1993, p. 206). Em decorrência, torna-se necessário desenvolver a capacidade de controlar os prazeres, assim como de intensificá-los e refiná-los. Tudo isso se refere, evidentemente, ao homem-no-mundo. O *sannyasin* (renunciante), aquele que busca o *moksa*, a liberação das cadeias que nos prendem a esse mundo, fim último que é dado ao ser humano aspirar, deve abdicar do *kama* e do *artha,* não porque eles sejam ilegítimos, mas por serem um empecilho à sua liberação. Se lhe cabe "abandonar qualquer laço com a propriedade, quebrar qualquer apego às pessoas ou lugares" (THAPAR, 1982, p. 287), viver solitário,

---

[81] As diferentes castas e categorias sociais devem observar o *dharma* (*svadharma*), o *artha* e o *kama* de acordo com sua função e *status*.

preocupado exclusivamente consigo mesmo, livre de quaisquer obrigações sociais,[82] é porque lhe é preciso renunciar a "tudo que faz dele um ego — *ahamkara* — a fim de se reabsorver no Absoluto, onde ele não encontra nenhum ulterior traço de individualidade" (BIARDEAU, 1989, p. 38).[83] O indivíduo-fora-do-mundo indiano é, pois, impensável como sujeito de uma paixão amorosa. Diferentemente de Majnun, a quem se assemelha pelo despojamento, nudez e frugalidade, seu objetivo é se afastar de qualquer tipo de desejo erótico-amoroso que o faça dizer "eu" (*aham*) e "meu" (*mama*),[84] impedindo-o, assim, de alcançar o *atman*, seu verdadeiro e eterno ser. O *locus* privilegiado de amores que escapam à ordem social se situa, portanto, no divino. O nível humano é o espaço dos amores disciplinados, enraizados no *dharma* e por ele englobados, e dos amores indisciplinados, que, por desafiarem a hierarquia dos *purusarthas*, são execrados e tidos como intrinsecamente destrutivos.

É por essa razão que, para captar as concepções de amor e de conjugalidade presentes no imaginário indiano — seguindo outra vez uma opção imposta pelo material pesquisado e não adotada arbitrariamente —, tomarei como referência primordial a interpretação de Das do significado do *kama* no *Ramayana*.

Erotismo, ascetismo e o amor disciplinado

A primeira versão do *Ramayana* remonta, provavelmente, ao século V a.C. Sua autoria é atribuída ao poeta Valmiqui, figura mítica cuja vida é narrada por meio de lendas. Desde então, a história de Rama, uma das encarnações (*avatar*) de Vishnu, e de Sita, de

---

[82] "A quebra de apegos sociais é enfatizada pela aceitação de símbolos exteriores que o fazem reconhecidamente um renunciante: estar nu ou escassamente vestido, removendo seu cabelo ou deixando de cortá-lo, carregando um cajado e um receptáculo para as esmolas e vivendo presumivelmente separado de ambientes sexuais ou isolado em uma floresta" (THAPAR, 1982, p. 287).

[83] Não há, pois, espaço para a individualidade nem em sociedade, nem fora dela. Conforme afirma A. K. Saran, tanto o homem-no-mundo quanto o renunciante "têm de renunciar ao vão esforço de alcançar a individualidade. Esforço vão porque fazer isso o leva a buscar sua própria sombra. O homem-no-mundo sobrepuja essa busca da individualidade pela sua identificação com os papéis sociais que desempenha, os quais são análogos aos papéis cósmicos" (1960, p. 62).

[84] "A função que faz o homem dizer 'eu' (*aham*) e 'meu' (mama) é *ahamkara*. Essa é a função do desejo, que não apenas liga o homem a esse mundo, mas constitui a parte essencial do homem empírico e o individualiza" (Brhadaranyaka Upanisad, I. 4. 17 apud BIARDEAU, 1989, p. 39).

origem sobrenatural, pois ela nasce diretamente da terra, faz parte da tradição viva dos hindus: "narrada em casa, ouvida no templo ou tornada o tema do *Ramalila* anual, representação teatral na qual os atores são concebidos como sendo movidos pelas próprias divindades, os personagens e episódios dessa história são intimamente conhecidos e estão prontamente disponíveis para um hindu como analogias para pensar sobre o mundo social" (DAS, 1982, p. 183).

A utilização de narrativas mítico-religiosas ou ficcionais, produzidas num determinado contexto cultural, como meio de acesso à compreensão das ideias e dos valores aí vigentes, um recurso bem frequente no contexto da reflexão antropológica indiana,[85] está presente também em outros centros acadêmicos.[86] O uso recorrente desse recurso se deve, em grande parte, ao hábito indiano de contar uma pequena história ou um episódio de um relato mais amplo, como um instrumento privilegiado de transmissão de conhecimento: "como um meio de refletir sobre situações complexas, como uma indagação sobre a natureza da realidade" (KAKAR, 1990, p. 1). Essa atitude é coerente com a crença de que estórias inverossímeis "podem ser irreais num sentido racional, mas não são falsas" (KAKAR, 1990, p. 30), mesmo porque, "o romancista pode inventar as personalidades, os incidentes e os detalhes nas vidas das pessoas sobre as quais escreve, mas ele não inventa a cultura; seu ponto de referência é o mundo real" (MADAN, 1988, p. 143).

A concepção de amor – conjugal, pois eles são cônjuges,[87] e não enamorados[88] – que norteia as emoções e decisões de Rama e

---

[85] Segundo Madan, esse recurso é válido até mesmo para pessoas que pertencem a culturas diferentes daquelas em que os contos foram escritos. A seu ver, *Chitralekha*, de Varma, *Samskara*, de Anantha Murthy e *Yauati*, de Ramanujan e Vishnu Khandekar "podem ser usadas pelos estudiosos não indianos das sociedades e culturas indianas para construir sua própria interpretação da cultura indiana" (1981, p. 129).

[86] No que se refere ao Brasil, temos, entre outros, os trabalhos de Da Matta (1973, 1978, 1985, 1994), Viveiros de Castro e Araújo (1977), Lopes (1977), Prado (1981), Abreu Filho (1983), Corrêa (1990), Maluf (1992) e Seed (1994).

[87] O amor entre esposos se constitui também no tema central da literatura épica indiana: "a literatura mundial não tem canções de amor mais adoráveis da esposa ao marido do que os poemas de Damayanti e de Savitri", no *Mahabharata* (MEYER, 1953, p. 215).

[88] Devido à inexistência, na sociedade indiana tradicional, da instituição do casamento por amor ou por livre escolha, o enamoramento que precede o casamento é totalmente ignorado nas considerações referentes ao *kama*. Nessas considerações se trata do amor conjugal ou do relativo às cortesãs.

Sita é a de um amor disciplinado em que erotismo e ascetismo se integram numa experiência unificada.[89] Esse tipo de amor contrasta fortemente com o de Rādhā e Krshna que, em sua espontaneidade e simetria, situa-se fora da realidade da vida matrimonial.[90]

Para captar mais adequadamente as características peculiares a esse amor *disciplinado*, é preciso deixar de lado a ideia de que ele possa se expressar indiferentemente às distinções de gênero. Num mundo em que o indivíduo é absorvido por suas funções, não há espaço para sentimentos e emoções que independam do papel desempenhado. Enquanto, para a mulher, disciplinar o amor implica amar incondicionalmente o marido, a quem ela deve se devotar integralmente, para o homem, a disciplina do amor coíbe tal tipo de sentimento. Se a esposa "tem o amor como seu primeiro dever" (BIARDEAU, 1989, p. 47), o marido, bem ao contrário, tem de se precaver constantemente contra a possibilidade de colocar o amor conjugal acima de suas obrigações familiares e das relativas ao *artha*.[91] Em certas circunstâncias, ele pode se ver obrigado a negligenciar, contrariar ou, até mesmo, rejeitar a esposa, que jamais deve deixar de expressar amor e devoção por ele. É por essa razão, provavelmente, que "na literatura indiana o homem parece, frequentemente, muito mais frio no amor do que a mulher" (MEYER, 1953, p. 532n).

Do ponto de vista feminino, essa assimetria do amor conjugal recebe sua forma modelar através da ideologia *pativrata*. Desde a época das Leis de Manu[92] até os dias atuais, essa ideologia tem governado a vida das mulheres indianas. Durante todo esse tempo, dois mil anos mais ou menos, ela permaneceu inalterada em seus aspectos básicos. Uma *pativrata*, ou seja, uma mulher que pauta sua

---

[89] "O chefe de família combina e concilia tanto o ideal ascético quanto o erótico" (MADAN, 1981, p. 147).

[90] "O *kama* na vida do chefe de família, como se revelou através da vida do *purusottama* (o melhor entre os homens) Rama, permanece em completo contraste com a espontaneidade e simetria revelada no erotismo de Krshna e Radha, porque a espontaneidade é prerrogativa da infância dos homens" (DAS, 1982, p. 203). Essa mesma ideia é expressa por Wadley, ao afirmar que "Radha é raramente considerada como um ideal. Ela propicia um papel modelar possível, mas não um que se deve defender" (1988, p. 32n).

[91] "Um amor muito forte pela própria esposa é geralmente censurável" (MEYER, 1953, p. 531).

[92] As Leis de Manu, ou simplesmente Manu, supostamente escritas pelo primeiro homem, o Adão dos mitos brâhmicos, datam, provavelmente, dos primeiros anos da era cristã. Elas expressam um corpo de preceitos ainda aceitos como válidos

vida por tais ideais, deve se devotar ao esposo como se ele fosse um deus vivente, sem esperar, com isso, nenhum tipo de consideração ou agradecimento. Toda a sua existência volta-se, assim, para a realização das necessidades, desejos e bem-estar do marido. Seus interesses particulares ficam em segundo plano, subordinando-se a esse objetivo primordial. A superioridade moral e o prestígio social de uma esposa, assim como sua autoestima, dependem dessa dedicação abnegada. Quanto mais ela se sacrifica e se consagra, unilateralmente, ao esposo e aos seus parentes afins, mais glorificada ela se torna e mais orgulhosa de si mesma se sente.[93] Abandonar uma vida de subordinação seria "abandonar o que é, em essência, salvador" (REYNOLDS, 1980, p. 57). Acredita-se que a verdadeira *pativrata*, aquela que obedece fielmente ao modelo prescrito, adquire poderes extraordinários como, por exemplo, o de transformar pedra em alimento. A que pratica o *sati*[94] torna-se santa.

Esse ideal tem em Sita sua figura paradigmática. Pura, casta, de uma "ternura gentil e de uma fidelidade única que não podem ser destruídas ou mesmo perturbadas pela rejeição, desconsideração ou desatenção do marido" (KAKAR, 1988, p. 55), Sita é o modelo da mulher-esposa ideal.[95] Seus sofrimentos e seu valor moral dão às mulheres indianas a inspiração e a justificativa de suas vidas. Pinturas retratando os vários episódios do *Ramayana* aparecem em vilas e cidades de toda a Índia. Para melhor aquilatar a força exercida pelo modelo de amor conjugal vivenciado por Sita, é preciso lembrar que as figuras míticas que povoam o imaginário hindu são bem mais íntimas e familiares que as da mitologia grega ou cristã. Elas não se localizam em regiões ou épocas remotas, mas sim "no altamente

---

[93] Apesar de a noção de *pativratya* ser primordialmente hindu e brâhmane, a influência desse modelo ultrapassa em muito esse âmbito. O poder ideológico do hinduísmo ocorre não apenas do fato de os hindus corresponderem a oitenta e três por cento da população indiana, mas também, e sobretudo, ao processo de "sanscritização", por meio do qual os valores e os costumes das altas castas hindus se difundem por toda a Índia, ultrapassando as fronteiras étnicas e religiosas (Srinivas, 1977).

[94] "O rito de se tornar *sati* amplia esse ideal de autossacrifício até ao ponto da morte na pira funerária do marido, um ato que libera a alma do marido e traz mérito religioso para a próxima reencarnação da mulher" (LIDDLE; JOSHI, 1986, p. 200).

[95] Em um trabalho publicado posteriormente, Kakar cita o depoimento de uma mulher casada que, para justificar sua aceitação dos maus-tratos e crueldades do marido lhe diz: "Veja, Sita também sofreu por causa de grandes crueldades, mas ela passou seu tempo na terra pelo amor de um homem. Eu também tolerei tudo porque o amei" (1990, p. 76-77).

pessoal e sempre real espaço-tempo do indivíduo" (KAKAR, 1988, p. 53). Frequentemente citadas, nas mais diversas circunstâncias, para legitimar as atitudes morais e religiosamente corretas,[96] elas exercem uma influência considerável na formulação de "ideais de conduta e de comportamento" (SRINIVAS, 1977, p. 223).

O casamento de Rama, herdeiro do trono de Aiódia, com Sita, filha do Rei de Videia, foi realizado de acordo com o rito *svayamvara*,[97] peculiar aos *kshatryas*. Antes mesmo de sua consumação, em vez de ser consagrado rei como esperado, Rama foi banido para a floresta por seu pai, o rei Dasáratha, em decorrência de uma promessa feita à sua segunda esposa, a rainha Kaikeyi. Em obediência à ordem do pai, Rama doa suas riquezas, despe-se das roupas e insígnias de seu cargo e – juntamente com seu irmão Laksmana – dirige-se ao exílio, onde deveria viver por quatorze anos como um anacoreta. Sabendo disso, Sita recusa-se terminantemente a se separar de Rama. Apesar das advertências que ele lhe faz em relação aos rigores, perigos e sacrifícios que a vida no exílio exigiria, ela se propõe a segui-lo, justificando sua decisão nos seguintes termos:

> Para uma mulher, não é o pai, o filho, a mãe, os amigos, nem ela própria, mas o marido que é sempre nesse mundo e no próximo o único meio de sua salvação. Se você deve entrar na impenetrável floresta hoje, Ó Descendente de Raghu, eu te seguirei (SHASTRI, 1962 *apud* KAKAR, 1988, p. 54).[98]

Durante sua estada na floresta, Sita é raptada pelo demônio Ravana, que a leva para seu palácio, onde tenta, inutilmente, conquistá-la. Ao saber do rapto de Sita, Rama passa a buscá-la desesperadamente: "se ele vê um fruto ou uma flor ou algo mais que delicia o coração de uma mulher, ele olha para longe e exclama: o sofrimento está em mim, Sita!" (*apud* MEYER, 1953, p. 426). Após uma série de peripécias,

---

[96] "No Ocidente, a Virgem Maria é dificilmente apresentada como um modelo a ser emulado, enquanto na Índia ela é assim considerada" (GHADIALLY, 1988, p. 21).

[97] "O casamento svayamvara, ao qual é dedicada uma seção inteira do *Mahabharata* [...], consiste, no caso de um personagem que ocupa uma posição social elevada, no privilégio de dar a filha em casamento a um homem de qualquer posição, que tenha realizado uma façanha extraordinária ou, ainda melhor, livremente escolhida pela própria moça" (LÉVI-STRAUSS, 1976, p. 517).

[98] Optei por citar a versão do *Ramayana* mencionada por Kakar porque, nela, essa passagem pareceu-me mais expressiva do que a da adaptação feita por Schwab (1993, p. 52), publicada pela Paumape. O mesmo se aplica às próximas citações em que recorri a Meyer.

Rama consegue libertá-la do cativeiro. No entanto, a estada de Sita como prisioneira no palácio de Ravana fez surgirem dúvidas a respeito de sua pureza. Tais dúvidas impelem Rama, levado a colocar suas obrigações reais (*artha*) acima de seus desejos pessoais (*kama*), a rejeitá-la. Assim, Sita é recebida com frieza e indiferença, e, presa de grande dor, caminha em direção ao esposo, o qual, "solicitado tanto pela cólera quanto pelo amor" (VALMIQUI, 1993, p. 248), lhe diz:

> O que um homem é obrigado a fazer para lavar as ofensas, fi-lo, e por isso te reconquistei [...]. Tua presença me é molesta, como lâmpada que se mostre a intervalos diante de meus olhos. Vai-te, pois. [...] É digno de um homem de coração, filho de nobre família, tornar a tomar a esposa, depois de ela ter habitado sob o teto de outro homem e quando a dúvida lhe empanou a alma? (VALMIQUI, 1993, p. 249).[99]

Abatida e desesperada pela atitude de Rama, Sita pede a Laksmana para armar uma fogueira onde pretende imolar sua vida.[100] Antes, no entanto, roga ao deus do fogo, Agni, que sirva de testemunho de sua pureza. O fogo recusa-se, então, a queimá-la.[101] Diante dessa prova irrefutável, Rama confessa que jamais duvidara da fidelidade de sua amada, que sabia inabalável. Se ele a pusera em questão, foi apenas com o intuito de que tudo se esclarecesse e nenhuma desonra pudesse atingi-lo.

Algumas vezes esse episódio é interpretado como um sinal de que Rama seria, "a princípio, muito irresoluto, negativo, rude, junto daquela pérola graciosa entre as mulheres, Sita" (MEYER, 1953, p. 528). Tal interpretação, no entanto, só se mantém quando não se contempla a força de vontade, as renúncias e os sacrifícios necessários

---

[99] Essa mesma passagem é citada por Meyer nos seguintes termos: "Como pode jamais alguém como eu, alguém que conhece a resolução das coisas da lei, conservar, mesmo por um momento, uma mulher que caiu nas mãos de outrem?" (1953, p. 525).

[100] Na adaptação do *Ramayana* feita por Buck para o público moderno de língua inglesa, o desespero de Sita perante a rejeição de Rama e a sua decisão de se lançar à fogueira são excluídos. Nela, consta apenas a descrição romantizada do momento no qual o Deus do Fogo testemunha a pureza de Sita e a conduz até Rama.

[101] Apesar da semelhança entre a prova pelo fogo a que se submete Sita a fim de comprovar sua inocência, e a do "ferro em brasa", vivenciada por Isolda com a mesma finalidade, não se pode esquecer uma diferença fundamental. Enquanto Sita age com lealdade por nada ter a esconder, Isolda frauda a prova com o objetivo de afirmar uma pureza a que ela não fazia jus.

à ação de um marido-rei,[102] obrigado a colocar os interesses do reino (*artha*) acima de seus desejos pessoais (*kama*): "é preciso mais do que a força de espírito habitual para se mostrar tão desumano como Rama e praticar tão pesada autorrenúncia. Seria uma leitura muito grosseira e superficial do que ocorreu optar por ver, aí, apenas covardia" (MEYER, 1953, p. 528).[103]

Comprovada a inocência de Sita, eles se reconciliam e voltam para Aiódia, onde são consagrados rei e rainha. Levantam-se, contudo, novas suspeitas, relativas à legitimidade do filho que Sita esperava, e Rama, "embora com o coração despedaçado" (MEYER, 1953, p. 528), repele-a novamente, obrigando-a a retornar para a floresta. Confrontada com essa segunda rejeição, Sita exclama: "É para o sofrimento que eu seguramente nasci. Como poderei viver sem ele [Rama], e a quem eu aqui expressarei meu penar?" (*apud* MEYER, 1953, p. 529). Esse novo repúdio de Rama a Sita, a negligência e a desconsideração por sua sina de viver, na floresta, sozinha e grávida, não devem ser interpretados, igualmente, como um sinal de desamor. Rama jamais "pôde bani-la de seu coração" (DAS, 1982, p. 200).

Indisciplina destrutiva do amor conjugal apaixonado

A esse amor disciplinado, contido pelo *dharma* e moderado pelo ascetismo, contrapõe-se o amor indisciplinado. Por não ser permeado pelo "espírito de renúncia que proporciona a ordem no domínio caótico do desejo" (DAS, 1982, p. 203), esse tipo de amor, em vez de produzir a renovação da vida, torna-se instrumento de destruição e morte. Sua influência perniciosa ganha expressão mítico-literária através da vida dos reis Aja e Dasáratha, respectivamente avô e pai de Rama.

A maior parte dos poemas que relatam a vida do Rei Aja e de sua esposa Indumati versa sobre o grande amor existente entre eles. A face desestruturadora desse amor vem à tona somente após a

---

[102] "Através de seu apego à esposa, filho e família, os homens afundam no viscoso mar da tristeza", diz o Mahâbhârata (*apud* MEYER, 1953, p. 533).

[103] Para Kakar, todavia, tais atitudes de Rama são tidas como um indício de que ele é "frágil, desconfiado e ciumento, e bastante conformista, tanto aos desejos de seus parentes quanto aos da opinião pública" (1988, p. 55). É essa imagem masculina que, a seu ver, as jovens indianas introjetam em seu mundo íntimo, juntamente com a feminina, veiculada por Sita.

morte de Indumati. O desespero sentido por Aja pela perda de sua amada foi tão intenso que o levou a negligenciar seus deveres de rei, enquanto esperava que seu filho, Dasáratha, que seria futuramente o pai de Rama, se tornasse capaz de governar em seu lugar. Assim que Dasáratha o substitui no reinado, Aja, imerso em sua paixão, busca deliberadamente a morte. O aspecto destrutivo do amor de Aja por Indumati não está relacionado apenas a sua tristeza e morte. O que é tido como altamente negativo é o enfraquecimento de sua capacidade de cumprir o *dharma* que, no caso específico de um rei, está ligado ao *artha* e, portanto, ao seu poder de governar com eficácia.

De acordo com o *Mahabharata*:

> Sobrepujado pela paixão, o homem é arrastado de um lado para o outro pelo *kama*. O homem sábio evita uma inclinação terna, seja pelos amigos, pelas coisas do mundo, por bens mundanos, ou por uma mulher (*apud* MEYER, 1983, p. 333).

No *Bhagavad Gita*, essa mesma ideia é expressa nos seguintes termos:

> Assim como a chama é envolta em fumo; como o espelho se cobre de pó; como o embrião é circundado pela membrana no seio materno – assim é o Eu do homem envolto pelos desejos do mundo objetivo (na tradução de ROHDEN, 1990, p. 49).

O amor de Dasáratha, filho de Aja, por uma de suas mulheres, Kaikeyi, é também tão forte e poderoso que, devido a um mero capricho de sua amada, ele desterra Rama, seu legítimo herdeiro, a fim de coroar Bharata, seu filho com Kaikeyi. Tal atitude leva-o a exclamar, em desespero: "maldição para mim, cruel natureza impotente, de pouco vigor, homem subjugado por mulher e incapaz de exaltar-se pela cólera, sem energia, sem alma!" (VALMIQUI, 1993, p. 41).

A destrutividade do amor adúltero

A destrutividade de outro tipo de amor indisciplinado, o adúltero, é tema de um conto tâmil, *The Sins of Appu's Mother*,[104] de T. Janakiraman. O que está em pauta na trama desse conto, no

---

[104] Este é o título da tradução para o inglês do conto tâmil.

entanto, não é a romantização do casal adúltero, foco central tanto dos poemas de amor cortês como de *Tristão e Isolda,* mas os efeitos destrutivos do adultério sobre o relacionamento entre mãe e filho.[105]

A fim de melhor apreender o teor dramático desse tipo de enredo, é preciso tomar conhecimento do papel desempenhado pela figura materna na sociedade indiana. Para isso, os textos clássicos – o *dharmasasthras* e, mais especificamente, as *Leis de Manu* – são insuficientes. Neles há um tratamento minucioso e detalhado do comportamento adequado aos cônjuges, mas quase não há referências à conduta esperada das mulheres como mães. Essa imprecisão quanto ao papel materno é corroborada pela inexistência de uma definição de mãe ideal, análoga à de esposa ideal, assim como pela ausência de figuras míticas que possam ser tomadas como modelos de mães exemplares. Isso não significa que a figura materna tenha um papel secundário na religião e no pensamento hindu.[106] Bem ao contrário, ela apresenta uma força extraordinária na civilização indiana, bem maior do que na ocidental.

A aquisição e manutenção do *status* materno, no entanto, dependem não apenas da maternidade propriamente dita, mas do nascimento de um filho do sexo masculino. Somente então é que a identidade da jovem esposa e mãe se cristaliza, e sua posição na casa de seus sogros começa a se consolidar. Até aí, sua situação é extremamente precária. As esposas estéreis ou que têm somente filhas podem ser repudiadas pelos maridos, que se casam novamente a fim de assegurar a continuidade da família.[107] Nesse sentido, o filho é o salvador da mãe, é por meio dele que as indianas obtêm satisfação

---

[105] O *locus* em que a trama dessa narrativa se desenvolve é o da cidade de Madras, situada ao sul da Índia, região onde as mulheres são tidas, em maior grau do que em outras, como detentoras de "poderes extraordinários, poderes que podem conduzir à vida e à prosperidade ou à destruição, ou mesmo à morte" (WADLEY, 1980b, p. 153).

[106] "Ser mulher na Índia é inseparável da maternidade e de tudo que isso acarreta – a responsabilidade e a honra; tudo mais é de importância secundária" (MADAN, 1976, p. 72).

[107] A precariedade da situação da esposa, caso ela não tenha um filho homem, expressa-se em um baixíssimo percentual de famílias que não contam com ao menos um almejado filho do sexo masculino. Essa composição se revela na pesquisa etnográfica realizada por Dhruvarajan, em 1972, em numa aldeia rural no sul da Índia. Tendo coletado histórias de vida de 46 mulheres indianas casadas, ela constatou que, dentre elas, somente uma de 18 anos e outra de 27 eram mães de apenas uma filha. E, com exceção da entrevistada que ficou órfã no primeiro ano de vida, todas as demais tinham irmãos do sexo masculino. (1989, p. 122-149).

emocional, prestígio social e a possibilidade de exercer alguma influência na vida familiar. Por essa razão, elas tendem a nutri-lo com gratidão e a tratá-lo com afeição, carinho e, até mesmo, reverência. Essa intensidade afetiva do laço mãe-filho revela-se no brilho especial que adquirem as faces das mulheres entrevistadas por Dhruvarajan em uma aldeia do sul da Índia quando falam sobre seus filhos, o que não ocorre quando as filhas ou os outros membros da família são mencionados (1989, p. 89).[108] A valorização conferida aos filhos do sexo masculino deve-se à posição especial que ocupam na vida familiar indiana. Além de eles serem imprescindíveis para assegurar a salvação espiritual de seus ancestrais,[109] cabe-lhes dar continuidade genealógica à família. Sua presença em casa dos pais, na qual permanecem mesmo após o casamento, proporciona-lhes, por sua vez, amparo e proteção econômica na velhice. A importância inegável do vínculo pai-filho na preservação da identidade familiar e nos rituais religiosos, não impede, contudo, a valorização do que une mãe e filho, tido como o "laço moral de amor por excelência" (MADAN, 1982, p. 231). Ele é tão crucial que tem sido considerado como o mais importante e intenso na sociedade e na vida familiar indiana. Segundo Nandy, "o relacionamento mãe e filho é o nexus básico e o paradigma supremo, fundamental do relacionamento social humano na Índia" (1988, p. 74).

Para um filho, a mãe é muito mais sagrada do que o pai, e o respeito e reverência dedicados a ela são bem maiores do que os devidos a ele (KUMARI, 1989, p. 15). Nos anos de sua formação, a mãe é a única autoridade genuína a quem o filho se submete, e é ela, e não o pai, quem o pune ou recompensa. Também durante a adolescência e a vida adulta, a mãe é a figura afetivamente

---

[108] A preeminência do laço mãe-filho em detrimento do existente entre marido e mulher faz com que o feminismo moderno exerça um apelo bem menor na Índia do que em outros países: Para uma análise das diferenças entre o feminismo que emerge no Ocidente nos fins dos anos 1960 e o que se propaga na Índia na década de 1970, ver Roy (1988) e Chitnis (1988). Quanto à constituição de grupos de estudos sobre as mulheres nas universidades e aos principais temas e questões debatidos, assim como as diferentes formas de violência a que as mulheres estão submetidas, consultar Baig (1976), Mazundar (1979), Krishnaraj (1986), Desai e Krishnaraj (1990), Chatterji (1988), e também Kumari (1989).

[109] "Somente um filho é qualificado a continuar a patrilinhagem, desempenhar os ritos de acender o fogo da pira funerária e a propiciar as almas dos ancestrais agnáticos através do shradha" (DESAI; KRISHNARAJ, 1990, p. 173).

dominante, já que a interação entre jovens antes do casamento é severamente restringida, e o relacionamento entre marido mulher muito formal, pelo menos nos primeiros anos do matrimônio.[110] Conforme ressalta Kumari, "as relações conjugais indianas são tipicamente muito menos íntimas do que as entre mãe e filhos" (1989, p. 59).[111] Ademais, é apenas em relação à mãe que os indianos se sentem como seres humanos completos e reconhecíveis em sua individualidade. Devido a essa alta valorização do vínculo filial, os homens têm uma ligação mais estreita com suas mães do que com as esposas.[112] Além de amadas, as mães são também temidas. A feição perversa da figura materna não está ligada, contudo, à agressividade: "o aspecto agressivo do sentimento materno em relação ao filho é comparativamente fraco na sociedade hindu, a possibilidade de *perturbações* emana de suas necessidades eróticas insatisfeitas e de sua constante sedução" (KAKAR, 1978, p. 80 *apud* MADAN, 1988, p. 142).

Alankaran, mãe de Appu e personagem central da trama do conto mencionado, é bonita, fisicamente atraente, de personalidade forte, voluntariosa e arrogante. Ela mantém um relacionamento adúltero com um dos discípulos do seu marido Dandapani, astrólogo, professor de sânscrito e especialista em textos hindus antigos. Alheio aos problemas do dia a dia da família, Dandapani tolera a infidelidade da mulher. Para escapar das consequências de sua opção por uma "vida de prazer, *kama*, fora dos moldes de uma conduta correta, *dharma*" (MADAN, 1988, p. 145), Alankaran procura fazer do filho o instrumento de sua salvação e da purificação de seus pecados. Com esse intuito, ela envia Appu para uma escola védica, a fim de torná-lo um *rishi*, um sábio ou profeta.

---

[110] Isso não significa que "falte intimidade num casamento na Índia, aquele incremento mútuo de experiência dentro de padrões culturalmente determinados de amor e carinho, que é o critério comum de um bom casamento no Ocidente. Ao contrário, na Índia, essa intimidade desenvolve-se mais tarde na vida de casado, na medida em que ambos os parceiros amadurecem lentamente, tornando-se chefes de família adultos" (KAKAR, 1988, p. 64).

[111] Isto se revela nos resultados de uma pesquisa, realizada por Gore, em uma comunidade indiana de Agarwal, onde, dos homens entrevistados, 56% se consideraram mais próximos de suas mães do que de suas esposas, enquanto apenas 20% declararam sentirem-se mais próximos de suas mulheres (*apud* KAKAR, 1988, p. 64).

[112] Mesmo depois de se tornarem pais, os homens mantêm as mesmas fantasias e medos em relação à figura materna que sentiam quando crianças (ver NANDY, 1988, p. 75).

O desejo de Alankaran, todavia, não se concretiza. Ao voltar à casa materna, depois de passar dezesseis anos na escola védica, e tomar conhecimento da infidelidade de sua mãe, assim como do motivo que a levou a torná-lo *rishi*, Appu recusa-se a exercer a função que ela lhe havia destinado. A relutância de Appu a se enquadrar no papel de um filho obediente, assim como a ambivalência de seus sentimentos em relação à mãe – que constitui o tema central do conto – não derivam, na interpretação de Madan, da má vontade em amá-la, mas da impossibilidade em corresponder ao amor egoístico e interesseiro de uma mãe que optou pelo *kama* em detrimento do *dharma*. Perante a recusa de Appu de redimi-la, Alankaran se vê impossibilitada "de, aos pés dele, queimar sua alma" (MADAN, 1988, p. 146) e expiar seus pecados. Sem outra opção para se purificar e obter a salvação, ela se dirige em peregrinação à cidade santa de Kashi e lá permanece até a morte.

Na interpretação de Madan, a destrutividade proveniente do adultério de Alankaran foi uma decorrência da "preocupação egoística com o próprio eu, com o preenchimento de seus próprios desejos – com o *kama* divorciado do *dharma* – o que leva um ser humano a olhar os outros seres humanos em termos instrumentais e, finalmente, resulta em seu próprio colapso moral" (1988, p. 154n). A adoção, por parte de Madan, de uma posição ética em relação às atitudes dos personagens de *The Sins of Appu's Mother*, estranha ao contexto acadêmico do Ocidente, é bem peculiar à antropologia indiana. Segundo Nandy, "o conhecimento sem ética é não apenas uma ética maléfica como também um conhecimento inferior" (1983, p. 113).

Devoção, autossacrifício e poder

As mulheres indianas têm poder e força, não apenas como mães, mas também como esposas.[113] O papel de mulher-esposa ideal, que impõe completa dedicação e submissão ao marido, pressupõe e se

---

[113] Esse poder e força das mulheres indianas são ressaltados por Baig, ao afirmar que a estrutura da família indiana "talvez evidencie mais claramente do que qualquer cultura que as mulheres têm relevância mesmo quando desprivilegiadas; são fortes, não fracas; e que elas continuam a ser o repositório dos elementos não conhecidos, não visíveis ainda que tangíveis do poder humano" (1976, p. XIV).

embasa em um vigor interior muito grande. Assim como Sita, elas não se intimidam perante nenhum tipo de dificuldade ou de sofrimento. Essa associação entre feminilidade, abnegação e força revela-se nas personagens femininas do *Mahabharata*. A decisão de Gandhari de vendar os olhos ao saber que seu marido era cego (*Mahabharata*, 1993, p. 39-41) exemplifica, embora da forma extremada própria aos mitos, a força de vontade necessária às mulheres que fazem da dedicação e da devoção ao marido seu dever primordial. Savitri, por sua vez, a fim de salvar o marido, segue o deus da morte até sua morada, pondo em risco sua própria vida.

Foi por essa razão que Gandhi evoca a disposição gentil e tenaz revelada pelas mulheres em suas vidas, a fim de expressar o poder moral que emana do *ahimsa* (não violência). A seu ver, desde que a resistência não violenta à violência "é proposta através do autossacrifício, ela é uma arma primordialmente franqueada às mulheres" (GANDHI, 1942, p. 251).[114] Gandhi se recusa, assim, a seguir o modelo ocidental que identifica "a autoridade com a dominação masculina e a subordinação com a submissão feminina" (NANDY, 1980, p. 73-74).[115]

A percepção de que as mulheres são fortes e poderosas esclarece uma situação aparentemente paradoxal: a de a Índia ter sido governada por Indira Gandhi, durante tanto tempo e com tanta força e prestígio. Identificada com a deusa mãe Durga, que pode ser benevolente, mas também destrutiva e agressiva,[116] Indira Gandhi não precisou negar sua feminilidade a fim de exercer o poder. Compreende-se, assim, porque ela pôde vestir o *sari*, traje que simboliza a aceitação dos valores femininos tradicionais, e, ao mesmo tempo, exercer um cargo político normalmente atribuído aos membros do sexo masculino.

---

[114] O orgulho de Gandhi pela capacidade de autossacrifício de sua mãe e pela força moral que daí decorre se expressa em sua autobiografia nos seguintes termos: "Sua escolha tendia para as promessas mais difíceis, e ela observava-as inflexivelmente. A doença jamais lhe servia de pretexto para eximir-se do seu cumprimento [...]. Dois ou três jejuns consecutivos nada significavam para ela. Uma só refeição por dia, durante os Châturmâs, era-lhe um fato habitual" (1971, p. 23). Esse mesmo tipo de admiração se revela na autobiografia de Kurosawa, no momento em que este relata o orgulho que sentiu quando sua mãe levou para fora de casa uma panela que pegava fogo, com o andar sereno e sem nenhuma expressão de dor, apesar das fortes queimaduras (1990, p. 50).

[115] Ver também Nandy (1983, p. 52-55).

[116] Ver Wadley (1988, p. 41).

O poder feminino, no entanto, pode ser extremamente perigoso e anárquico.[117] Para torná-lo benéfico, é preciso mantê-lo sob o controle dos homens.[118] A periculosidade que provém do poder feminino não submetido a tal controle manifesta-se nas divindades. Kali, uma das esposas de Siva, foi mandada à Terra para aniquilar os demônios que ameaçavam o poderio dos deuses. Após exterminá-los, ela é possuída por um incontrolável desejo de continuar a matar, tornando-se perigosamente destruidora.[119] Siva, incapaz de fazê-la parar, lança-se a seus pés. Quando Kali percebe que sua dança pode matar o marido, para de dançar, e a Terra é salva. O temor que os homens sentem em relação às mulheres, que obviamente não está restrito ao contexto indiano,[120] tem nele um aspecto bem peculiar: "o medo masculino nesse caso é de que um homem possa desagradar ao princípio cósmico feminino, que a mulher possa trair, agredir, poluir, ou, pelo menos, falhar em proteger" (NANDY, 1988, p. 75).

> Como *sakti*, o poder e a energia do universo, as deusas propiciam uma força motivadora para o passivo inativo macho: sem o *sakti* de suas deusas, nenhum deus masculino pode atuar. Essa força gerativa feminina é fundamental a toda a ação, a todos os seres no universo hindu (WADLEY, 1980a, p. IX).[121]

O fato de o *sakti* ser feminino não significa que os homens não o possuam. Ele "reside em cada ser humano" (MADAN, 1982, p. 242). Na Índia, atribuir aos homens predicados femininos não afeta sua masculinidade, sobretudo porque, no contexto indiano,

---

[117] Nas cerimônias de casamento hindu, "o poder e a eficácia do princípio feminino é na verdade reconhecido (se não realmente cultuado), mas se reconhece também que esse poder é potencialmente perigoso: por isso é necessário que ele seja cuidadosamente controlado e subordinado ao domínio dos homens e dos tomadores-de-esposa" (SELWYN, 1979, p. 697).

[118] A periculosidade das mulheres é ressaltada por Liddle e Joshi, nos seguintes termos: "Na Índia, tanto na cultura hindu quanto na muçulmana, as mulheres são vistas pelos homens como perigosamente poderosas. Os homens têm que controlar as mulheres, já que elas são incapazes de se autocontrolar; não em decorrência de serem muito fracas para fazê-lo, mas porque seu poder é grande demais" (1986, p. 56).

[119] Diferentemente de Kali, as divindades e os demônios masculinos são lógicos nos transtornos que causam: "eles não levam à frente a ideia de meramente matar" (WADLEY, 1988, p. 27-28).

[120] Para apreender a forma pela qual o medo das mulheres se expressa no imaginário masculino do mundo ocidental, consultar Peter Gay (1988) e Delumeau (1990).

[121] O princípio masculino na divindade, *purusha*, é confiável, mas relativamente passivo, fraco, distante e secundário (NANDY, 1988, p. 72).

"a competição, a agressão, o poder, o ativismo e a intrusão não são tão claramente associados com a masculinidade" (NANDY, 1988, p. 79). Da mesma forma, a aceitação da intuição e da ternura como valores, assim como "a capacidade de usar meios de autoexpressão que mobilizam sentimentos, imagens e fantasias" (NANDY, 1988, p. 76) não estão associadas à feminilidade.[122] O *sakti* de uma determinada pessoa aumenta ou diminui em consonância com seu modo de vida. Ações que impliquem autossacrifício, tais como a abstinência sexual, para os homens, e a devoção incondicional ao marido,[123] para as mulheres, são fatores que o intensificam.

A exaltação do valor moral, do poder e da força que provêm da devoção incondicional ao marido tem sido denunciada pelo movimento feminista como um instrumento ideológico de subordinação, por induzir as mulheres ao conformismo perante os abusos e a violência infligidos pelo marido ou por seus parentes afins.[124] Madan ressalta essa possibilidade, ao afirmar que a ênfase no poder feminino pode soar como "um conto de fadas, mais apropriado talvez para justificar a subordinação das mulheres aos homens, inventado pelos antigos e astutos brâhmanes" (1976, p. 72). A superioridade dos maridos em relação às mulheres, contudo, é apenas uma das várias hierarquias a que as mulheres se enquadram no decorrer de suas vidas. A severidade de todas essas hierarquias, no entanto, "é atenuada de certa forma pelo forte senso de deferência aos superiores, por um senso de mutualidade, por uma série de códigos de comportamento que induzem os superiores a cumprir suas obrigações relativas aos

---

[122] As diferenças entre a noção de feminilidade bengali e a norte-americana foram exploradas por Roy (1988).

[123] "Na região tâmil, a crença no poder e na superioridade moral de quem ama em detrimento de quem é amado faz com que as pessoas evitem dizer eu te amo com medo de serem tachadas de pretensiosas: O amor genuíno, tal como é encontrado na experiência religiosa (*bhakti*) é um poder maior do que qualquer outro. O amante, aquele que possui essa rara e pura emoção, é moralmente superior ao amado, que não é o produtor, mas apenas o recipiente do amor. Por isso os tâmiles não dizem 'eu te amo' usando a palavra *anpu* (termo mais genérico para o amor) porque essa palavra é de jactância, mas dizem mais apropriadamente a alguém que lhe agrada: 'você me ama'" (EGNOR, 1980, p. 19).

[124] Em *Brides are not for burning*, Ranjana Kumari dá um depoimento dramático sobre a morte de jovens esposas ocorridas devido ao não pagamento do dote. Esse tipo de reação violenta tem se tornado mais grave em tempos recentes, sobretudo em "condições de urbanismo, migração, investimentos na educação dos homens que conseguem empregos urbanos não agrícolas" (TAMBIAH, 1989, p. 418).

inferiores e, sobretudo, por uma filosofia de abnegação, a ênfase cultural na sublimação do ego" (CHITNIS, 1988, p. 83).

Além disso, a identificação dos homens (pais e maridos) como a fonte primeira da opressão feminina não corresponde à experiência real das mulheres indianas. Há fortes laços de afetividade e de solidariedade entre homens e mulheres na vida familiar. A relação entre pai e filha, avô e neta, mãe e filho são, em geral, íntimas e calorosas. Segundo Chitnis, "os homens na cultura indiana têm sido considerados, tradicionalmente, como pais e irmãos afetuosos"[125] (1988, p. 94). Roy, por sua vez, além de ressaltar esse fato, chama nossa atenção para outro vínculo carinhoso, o que se dá entre a jovem esposa (*boudi*) e o irmão mais novo do marido (*debar*) (1975, p. 107). Essa "intimidade no relacionamento entre o irmão mais novo e a esposa de seu irmão mais velho", tão comum na Índia, pareceu surpreendente à antropóloga japonesa, Chie Nakane (1975, p. 20). Ao mesmo tempo, há uma relação opressiva, e algumas vezes cruel, entre sogra e nora, e um pouco mais amena, embora não menos tensa, entre a irmã do marido e a esposa deste. O peso das relações familiares sobre uma mulher varia, pois, com o tempo, uma vez que ele depende do estágio de vida em que ela se encontra.[126] Nessas circunstâncias, a liberação das mulheres não depende apenas de mudanças no relacionamento conjugal, mas também nos relativos aos outros membros da família, a quem elas devem respeito e obediência (*apud* LIDDLE; JOSHI, 1989, p. 183).

Outro fator que dá à luta feminista na Índia características próprias é a aprovação, por grande parte da população feminina, dos casamentos arranjados. A aceitação desse tipo de casamento ocorre até mesmo entre mulheres de formação universitária. Em uma pesquisa realizada em Delhi no decorrer dos anos 1980, em que foram entrevistadas 120 mulheres universitárias, apenas 25 casaram-se por

---

[125] Conforme ressalta Madan, "o que impressiona mais, na Índia moderna, é visão de mundo tradicional de grande parte das mulheres hindus notórias". Citando, como exemplo, uma eminente antropóloga, Iravati Karve, professora da Universidade de Poona e veemente defensora dos direitos das mulheres, ele menciona a dedicatória de um de seus livros, na qual, referindo-se ao marido, ela diz: "Coloco minha cabeça aos vossos pés e peço vossa bênção" (MADAN, 1976, p. 84).

[126] A posição da jovem esposa em seu novo lar, o da família do marido, vai se fortalecendo à medida que seus filhos vão crescendo e ela vai se tornando o ponto central da unidade e da autoridade familiar.

amor. Desses casamentos, seis atravessaram as diferenças religiosas e sete as de casta (LIDDLE; JOSHI, 1986, p. 227-230). Em alguns casos, a opção pelo casamento por amor proveio de uma decisão familiar e não de razões pessoais. Uma das mulheres entrevistadas, Rekha Rohtagi, revela isso, ao falar sobre seu casamento:

> O meu foi um casamento por amor. Meu pai disse que eu mesma deveria encontrar aquele que seria meu companheiro na vida. Todas as minhas irmãs fizeram isso, embora não meus irmãos. Eu já estava trabalhando e tinha um Ph.D. quando me casei (LIDDLE; JOSHI, 1986, p. 211).

Em outra pesquisa, realizada também nos anos 1980, em Shimla, antiga capital do Estado de Punjab, evidencia-se, igualmente, a aceitação de casamentos arranjados por parte de mulheres universitárias, muitas delas já engajadas profissionalmente (SHARMA, 1986). Uma das vantagens alegadas para a adesão ao casamento arranjado diz respeito à ausência, nesse tipo de casamento, do período de namoro, que "impõe graves tensões no relacionamento entre as mulheres, ao colocá-las em competição umas contra as outras" (DAS, 1976, p. 145). Uma vantagem adicional refere-se à estabilidade do matrimônio, que contrasta com a instabilidade e insegurança do casamento por amor, cuja continuidade depende da "continuidade do interesse romântico entre o homem e a mulher", que, certamente, não é algo fácil de se manter (DAS, 1976, p. 145).

Construindo o amor disciplinado

A fim de captar as emoções e sentimentos envolvidos na construção do amor disciplinado, que serve de base e de fundamento aos casamentos arranjados, utilizarei a experiência de vida e os depoimentos de algumas jovens universitárias[127] das castas mais altas da cidade de Calcutá, coletados por Roy (1975).[128] Entre elas, o amor

---

[127] "A educação escolar e universitária é encorajada para as mulheres como um símbolo de *status*, e isso ajuda nas negociações de casamento. Entretanto, não se espera que essa educação mude as ideias e pensamentos de uma mulher e a faça desprezar os valores tradicionais baseados simultaneamente no hinduísmo conservador e no costumes populares ritualísticos, que são parte da vida do dia a dia" (ROY, 1975, p. 10).

[128] Roy fez sua pesquisa de campo entre as jovens bengalis durante os anos 1950 e 1960. Durante esse período, ela coletou cinquenta histórias de vida dessas jovens. Nesses relatos, constam suas

ao marido colore-se, algumas vezes, de anseios apaixonados hauridos da leitura do *Gita Govinda* e da literatura profana nele inspirada, e de obras literárias e filmes românticos provindos diretamente do Ocidente ou produzidos sob sua influência.[129] Essa conotação romantizada do amor conjugal, que não pode ser generalizada para outras regiões da Índia, deve-se, provavelmente, ao fato de Calcutá, capital do Governo Imperial Britânico de 1772 a 1912, ter sido submetida a uma influência maior dos ideais românticos, não apenas diretamente, mas também por meio de autores bengalis, a exemplo de Chatterjee (1838-1894), que reinterpretaram e adaptaram esses ideais aos valores indianos. Além de Chatterjee, outro poeta e filósofo bengali que exerceu grande influência nesse processo foi Tagore (1861-1941). Prêmio Nobel de literatura, suas obras fazem parte da formação literária das jovens bengalis. Os poemas e contos desses autores, no entanto, coerentemente com os costumes matrimoniais direcionados aos casamentos arranjados, focam-se no amor conjugal. O enamoramento dos jovens solteiros é praticamente ignorado.

A adaptação do amor romântico à disciplina dos casamentos arranjados torna-o qualitativamente diverso em seus efeitos, mesmo quando equivalente no nível emocional. Entre essas diferenças, a mais relevante diz respeito ao objeto a quem esse amor se direciona, que não é constituído por um homem, em especial, dotado de determinadas características tidas como atraentes ou admiráveis, mas por aquele que for indicado para ocupar o papel de marido. A instauração desse amor independe, portanto, de um conhecimento prévio ou da existência de afinidades físicas ou psíquicas com a pessoa a ser amada.[130] Assim como nós nos preparamos para amar nossos filhos do jeito que são ao nascerem, não importa se feios ou bonitos, sadios

---

primeiras experiências na infância, suas fantasias e expectativas em relação ao futuro marido e ao casamento, suas frustrações após o casamento, e as compensações a essas frustrações.

[129] Em relação ao Ocidente, a literatura, os autores e os filmes mais apreciados pelas adolescentes bengalis são os seguintes: "Clássica e italiana: lendas da Grécia e Roma; Dante. Renascença: Shakespeare. Romântica: Shelley, Keats, Byron, Wordsworth. Autores franceses naturalistas e realistas: Zola, Flaubert. Moderna e popular: Jane Austen, Maugham, Hemingway, A. J. Cronin. Comunicação de Massa: Filmes da América, sobretudo histórias de amor de Holywood, tais como *E o Vento Levou*, *Roman Holiday*, *Por quem os sinos dobram*" (Roy, 1975, p. 45).

[130] Para melhor compreender o contraste entre essa forma de amar e a promulgada pelo romantismo europeu, ver *Afinidades eletivas*, de Goethe.

ou doentes, na Índia, o amor ao marido é construído de antemão.[131] A centralização dada à vivência e à expressão do amor feminino, em detrimento do amor masculino, decorre da valorização atribuída a esse amor, ponto fulcral de um trabalho ideológico permanente, enquanto o masculino se mantém, em grande parte, encoberto.[132]

Para uma compreensão mais aprofundada da maneira como se dá a construção do amor disciplinado dentro do casamento arranjado, nada melhor do que levar em consideração o depoimento de duas jovens sobre as emoções que cada uma delas sentiu durante o período que antecedeu o casamento.

O primeiro depoimento revela emoções suaves, mais próximas a um afeto não romantizado:

> Eu soube pela minha irmã que a família dele era muito rica e que ele havia terminado seu curso de engenharia. Ele tinha 27 anos e, de acordo com minha irmã, que viu a fotografia, era bem bonito. Ela se ofereceu então, caso eu estivesse curiosa, para retirar a fotografia, furtivamente, da escrivaninha do meu tio. É claro que eu estava curiosa, embora me sentisse envergonhada de lhe dizer isso. Mas como eu não queria deixar a oportunidade passar, disse-lhe que sim e a fiz prometer não contar a ninguém que eu lhe havia pedido para fazer tal coisa. Nós estávamos entusiasmadas com a cumplicidade. Quando ela conseguiu retirá-la da gaveta da escrivaninha por alguns minutos, eu não saberia dizer se eu realmente gostara da aparência dele.

Até este ponto do relato, observam-se a curiosidade, a expectativa, a incerteza, todas elas coloridas muito mais por tons positivos do que por rejeição ou medo. Certo dia, a esposa de seu irmão do meio (*mejo boudi*) disse-lhe que seus familiares a leva-

---

[131] Para uma análise da construção cultural do amor materno, ver Badinter (1985).

[132] No contexto familiar indiano "é considerado vergonhoso ser abertamente atencioso com sua própria mulher" (Roy, 1975, p. 162). A descrição feita por Madan do relacionamento usual entre maridos e mulheres, na área rural de Kashmir, exemplifica essa ideia: "Se um homem volta para casa depois de uma estada prolongada em Srinagar ou em qualquer outro lugar, seu retorno causa entusiasmo e alegria em seu lar. Quando ele entra no pátio, homens, mulheres e crianças de seu *chulah* reunir-se-ão em volta dele. Homens e mulheres o abraçarão e o beijarão. [...] Mas há uma mulher que permanecerá indiferente e continuará a fazer o que quer que esteja fazendo. Ou ela pode se dirigir à cozinha, aparentemente para lá trabalhar. Mas ela não tomará conhecimento do homem que chegou. Nem dirigirá nenhum olhar para ele. Ela é a esposa!" (1989, p. 119).

riam para tomar chá num restaurante com um grupo de rapazes, sem lhe revelar, contudo, que o jovem que talvez viesse a ser seu futuro marido estaria entre eles. Ela lhe recomendou, apenas, que fizesse a sesta para adquirir boa aparência. Por meio da irmã, que já era sua cúmplice por ter lhe mostrado o retrato do seu possível pretendente sem o conhecimento do tio, ela ficou sabendo que ele estaria lá como os amigos. Diante da expectativa de encontrá--lo, ela se sentiu "feliz e tensa". Quando chegou ao restaurante em companhia da *boudi* (sua cunhada), da *sejdi* (a terceira irmã mais velha), e do *dada* (o irmão mais velho), um grupo de quatro rapazes já estava na mesa. Ela então relata:

> Por um rápido segundo, meus olhos encontraram os olhos do rosto que eu vira no retrato. Ele tinha uma aparência melhor do que na fotografia. Nós nos sentamos. Mantive a cabeça inclinada com medo de encontrar seus olhos novamente. Permaneci lá, mexendo meu chá frio, dividida entre ouvir o que se dizia e imaginar se eu poderia amar esse homem e se eu iria me casar com ele. De repente, ele me perguntou se eu gostaria de tomar outra xícara de chá e, antes que eu pudesse responder, ele chamou o garçom. Fiquei muito impressionada com sua gentileza. Eu pensei que ele tinha uma voz profunda; eu me senti mais próxima dele.

A boa impressão causada pela gentileza com que é tratada pelo rapaz, assim como a sensação de proximidade que sente em relação ao jovem a quem reconheceu como provável esposo, evidencia muito bem a forma disciplinada pela qual o amor pelo futuro marido é construído.

> Depois de um mês, minha irmã veio correndo me avisar pela manhã que eu iria me casar com ele no mês seguinte. O pedido de casamento havia sido feito. Eu senti um forte laivo de felicidade e tentei lembrar a face do homem que me ofereceu uma xícara de chá quente no restaurante (Roy, 1975, p. 77).

O sentimento de felicidade que vivenciou quando soube que a família do jovem de cuja fisionomia ela mal se lembrava, mas que a havia encantado, concretizara o pedido de casamento mostra a facilidade com que os sentimentos de carinho e de afeto pelo futuro marido de um casamento arranjado se manifestam, independentemente da convivência.

A outra entrevistada de Roy, por sua vez, influenciada pelo romantismo haurido dos autores bengalis e dos romances e filmes do Ocidente, expressa um sentimento apaixonado de grande intensidade:

> Depois de ter encontrado, por um rápido momento, aquele que seria meu futuro marido, quando todos nós fomos ao cinema, permaneci pensando nele constantemente. Enquanto via o filme, eu me identificava com a heroína e imaginava o que se passava em sua mente. Havia pelo menos cinco pessoas entre nós, por isso não pude ver bem o seu rosto. Eu pensei que ele era bem bonito. Algo me disse que ele seria aquele com quem eu me casaria. Esse foi apenas um sentimento; como o destino, você sabe.

O pedido definitivo de casamento se efetivou um mês depois desse primeiro encontro, à distância, e a cerimônia foi marcada para três semanas depois. No decorrer desse período, ela vivenciou todas as emoções que as jovens ocidentais que se casam por amor costumam sentir. Isso se processou, no entanto, nos canais preestabelecidos pelo arranjo matrimonial e sem que ela tivesse sequer visto plenamente o rosto de seu futuro marido. E, mais ainda, sem que ele tomasse conhecimento disso, pois, envergonhada, ela esconde seus sentimentos até mesmo de sua família (seria considerado indecoroso manifestá-los). De acordo com suas próprias palavras:

> Meus dias e noites não eram nada mais do que sonhos repletos de sua imagem. Ele rapidamente ganhou os contornos do homem ideal que eu havia estado esperando [...]. Eu continuei pensando nele o tempo todo e comecei a negligenciar meus estudos e tudo o mais, inclusive os amigos. Eu me comportava continuamente como se estivesse sonhando acordada. De repente, não vi mais sentido em continuar meu curso, ainda que eu quisesse ser uma professora universitária. Meus amigos começaram a troçar de mim, porque eu estava demonstrando todos os sintomas de uma jovem apaixonada; e eu estava apaixonada. Exaltei tanto meus sentimentos por esse meu marido desconhecido que comecei a escrever cartas de amor para ele e a escondê-las debaixo do travesseiro (Roy, 1975, p. 80-81).

A assimilação e reinterpretação, em certos casos, do romantismo ocidental à realidade indiana, sobretudo pelas jovens das castas mais altas dos setores urbanos, não têm, portanto, o caráter transgressor e subversivo próprio aos amores domesticados. Isso porque domesticar o amor, de acordo com a terminologia proposta, não é amansá-lo, torná-lo dócil, sentido geralmente dado ao termo, mas sim utilizá-lo, em sua imprevisibilidade descontrolada e potencialmente subversiva, como fundamento indispensável à obtenção de relações amorosas gratificantes. Isto se revela tanto na glorificação de amores adúlteros, secretos e marginais à vida social, relatados anteriormente, quanto na de amores que visam a se concretizar no âmbito da vida conjugal, como abordaremos a seguir.

O amor domesticado no mundo dos indivíduos

Amar e ser amado oh que ventura!
Amar por toda vida, um ideal
Mas nesse amor pode haver uma tortura
É não saber se se merece amor igual.
João Pinheiro, meu avô, à minha avó Helena (1888)

O amor como prelúdio ao casamento

A concepção peculiar ao amor domesticado de que a paixão amorosa é o prelúdio natural e indispensável à vida conjugal se constituiu e desenvolveu em um contexto bem específico: o da cultura ocidental posterior à Idade Média. Ausente em sociedades onde se valoriza o amor disciplinado, ela subjaz à ideia de que a união matrimonial deve "brotar de uma atração pessoal, física, social e mental, de aparência e temperamento" e visar "basicamente à satisfação individual" (MACFARLANE, 1990, p. 326). Tal ponto de vista só foi capaz de se afirmar como desejável quando o culto e a exaltação do amor extraconjugal, característicos dos poemas de amor cortês[133] e dos expressos em *Tristão e Isolda*, foram ultrapassados, a escolha do

---

[133] O fato de o amor cortês ser extraconjugal não significa que maridos e esposas não possam vir se amar, mas, sim, que o amor conjugal que nasce com a convivência do casal não era da mesma natureza do amor que os trovadores almejavam e exaltavam. Por isso, a afirmativa de Sarsby de que o "amor no casamento podia crescer dentro do casamento arranjado" (1983, p. 30) não invalida a existência de uma brecha entre amor e casamento no interior da ideologia do amor cortês.

cônjuge se tornou "um direito do indivíduo" (SARSBY, 1983, p. 13), e a "paixão desgovernada uma espécie de promessa de felicidade" (LUHMANN, 1991, p. 196). Por meio dessa idealização romântica da "paixão desgovernada", a relação conjugal pôde ser posta "à frente e acima dos vínculos com os pais e os irmãos" (MACFARLANE, 1990, p. 134).[134]

As diferenças que separam o romantismo ao estilo ocidental do existente em outros universos culturais não reside, pois, na maior ou menor capacidade das pessoas dessas sociedades de experimentarem os sentimentos ou emoções associadas ao amor romântico, mas na crença predominante no Ocidente de que a paixão amorosa, que surge aleatória e incontrolavelmente, pode ser domesticada e posta a serviço da ordem social. Espera-se – e até mesmo exige-se – que os enamorados se envolvam em uma paixão sobre a qual não tenham domínio, antes que mergulhem em uma relação amorosa estável e profunda. Essa glorificação da paixão desgovernada, característica dos amores domesticados, ocorre mesmo quando a união daqueles que se amam induz à quebra dos padrões sociais ou morais que possam vir a interditá-la.[135] A existência indiscutível de pressões sociais e familiares, que visam à formação de casais tidos como adequados, não contraria essa tendência, uma vez que tais pressões pressupõem o reconhecimento de que a última palavra na realização dos projetos matrimoniais depende dos futuros cônjuges.[136] A possibilidade de sobrepor os interesses particulares aos compromissos familiares ou grupais, aberta àqueles que optam pelo casamento por amor, tem servido de estímulo à difusão desse tipo de casamento, em sociedades que entram em contato com os valores ocidentais.[137]

---

[134] Sobre esta questão, ver também Goode (1959).

[135] A idealização da paixão desgovernada se consolidou no continente europeu, sobretudo em meados do século XVIII. Conforme ressalta Luhmann, foi por essa época que se solidificou "a ideia de que as paixões são úteis, por muito desordenadamente que possam surgir; sendo apenas possível julgá-las segundo as suas consequências. A partir de 1760, aproximadamente, aumentou o número de romances nos quais os heróis apresentam sua *passion* como se se tratasse de sua natureza e revoltando-se em nome desta contra as convenções morais da sociedade" (1991, p. 146).

[136] Se os jovens não tivessem o direito de amar a quem quisessem, não seria preciso montar esquemas que visassem a dirigir sua escolha para os canais convencionais.

[137] Conforme observa Sarsby, em algumas sociedades tribais africanas, os jovens que adotam o estilo ocidental de casamento o fazem motivados bem mais pelo desejo de escapar às obrigações sociais e

A ideia de que a paixão amorosa pode ser domesticada e posta a serviço da ordem social foi expressa de forma dramática e paradigmática em *Romeu e Julieta*, de Shakespeare.

Romeu e Julieta e a subversão domesticada do amor

A peça *Romeu e Julieta* de Shakespeare foi encenada pela primeira vez em 1597.[138] Desde essa época até os dias atuais, as ações e emoções desses dois enamorados têm servido de referência a todos os apaixonados que necessitam afirmar seu direito de amar, apesar de e contra interesses e valores que se lhes contrapõem. Diferentemente dos amores disciplinados, que não desafiam as alianças matrimoniais preestabelecidas, o que os une caracteriza-se pela imprevisibilidade e arbitrariedade. Julieta conhece Romeu em um baile organizado pelos seus pais, com o fim de apresentá-la a Páris, o marido que lhe havia sido designado pela família.[139] Desde o primeiro instante, o amor entre eles surge de uma forma apaixonada, intensa. A descoberta de que pertenciam a famílias inimigas não os leva a cogitar, nem por um momento, na possibilidade de renegar o seu amor. Ambos se restringem apenas a lamentar a existência desse empecilho. Julieta, ao exclamar: "Oh! meu único amor, nascer de um ódio antigo!" (SHAKESPEARE, 1940, p. 62), e Romeu, ao dizer: "Ela, uma Capuleto? Oh dívida querida! A uma inimiga devo a minha vida" (SHAKESPEARE, 1940, p. 226). Para eles, a força do amor é tão poderosa que nada pode detê-la. Daí a fala de Romeu:

---

econômicas impostas pelos laços de parentesco do que pela busca de uma realização pessoal (1983, p. 3-4). Também entre os aborígenes de Mangrove, comunidade situada em uma reserva indígena do território de Arnhem, Austrália, o amor romântico, apregoado pelos filmes de Hollywood, foi acatado pelos jovens, não tanto pelo apelo sentimental (ver BERNDT, 1976), mas, sobretudo, com o objetivo de subverter as relações de poder existentes na política de casamento (BURBANK, 1992, p. 5). Efeitos análogos foram observados por Little e Price (1967).

[138] Antes de *Romeu e Julieta* de Shakespeare, já haviam sido produzidas outras versões. Entre essas, as mais conhecidas são a de Luigi da Porto, publicada por volta de 1530 — a primeira a dar o nome de Romeu e Julieta aos enamorados, que se amam apesar da inimizade que separa suas famílias, e a situar a sua história na cidade de Verona — e a de Bandello, editada em 1554. Esta, refundida na versão francesa de Boisteau e traduzida em verso para o inglês por Brooke, foi, provavelmente, a que teve uma influência mais direta sobre Shakespeare (apud PENNAFORT, 1940, p. 203).

[139] Ao se defrontarem com essa mesma situação, e terem a oportunidade de conhecer o marido que lhes havia sido designado, as duas adolescentes bengali, anteriormente citadas, se apaixonam disciplinadamente por eles, e não por um jovem desconhecido ou não desejado pela família.

> O amor ri de muralhas e barreiras!
> E o que é que o amor deseja e não consegue?
> Os teus parentes, pois, não poderão deter-me!
> (SHAKESPEARE, 1940, p. 75)

Definindo-se não mais como Montechio e Capuleto, mas como indivíduos singulares, que devem ser fiéis, antes de tudo, ao amor e a si próprios, eles não se sentem presos ou tolhidos por pertencerem a duas famílias inimigas.

> Em ti, só o teu nome é que é meu inimigo!
> Tu não és um Montechio, mas tu mesmo!
> Afinal, que é um Montechio? Não é um pé,
> Nem a mão, nem um braço, nem um rosto,
> Nada do que compõe um corpo humano.
> Toma outro nome! Um nome! Mas, que é um nome?
> Se outro nome tivesse a rosa, em vez de rosa,
> Deixaria de ser por isso perfumosa?
>
> Assim também Romeu, se não fosses Romeu, terias, com outro nome, esses mesmos encantos
> Tão queridos por mim! Romeu deixas esse nome
> E, em troca dele, que não faz parte de ti.
> Toma-me a mim, que já sou toda tua!
> (SHAKESPEARE, 1940, p. 73-74)

Perante tais exortações de Julieta, Romeu responde:

> Farei o teu desejo de bom grado!
> Por ti eu trocarei seja o que for!
> Por ti serei de novo batizado:
> Não me chames Romeu, mas, sim, amor
> (SHAKESPEARE, 1940, p. 74)

A desconsideração de suas respectivas identidades Capuleto e Montechio, além de precursora do individualismo moral, no sentido dumontiano do termo, anuncia, na interpretação de Viveiros de Castro e Araújo, a valorização das emoções e sentimentos íntimos em detrimento do desempenho de papéis predeterminados.[140] O amor liga-se, assim, ao corpo, à alma, ao coração e ao eu individual, e opõe-se à família e ao eu social. Nesse contexto, "a relação pai/filho (ou família/indivíduo) é nominal e arbitrária; a relação homem/mulher é real e necessária" (VIVEIROS DE CASTRO; ARAÚJO, 1977, p. 151). Nessas circunstâncias, classificam-se as relações marcadas pelas obrigações sociais como radicalmente opostas às governadas pela afetividade e pelo amor, as quais são pensadas como umbilicalmente ligadas à espontaneidade, ao destino e ao acaso.[141] A liberação das obrigações sociais e familiares dá-se, contudo, à custa da submissão a injunções impostas pelo próprio amor. A ideia de que existiria, no interior dos seres humanos, uma instância que os coage a agir independentemente de sua vontade não é contraditória, como se poderia pensar, com a noção moderna de indivíduo, já que a subordinação incontrolável dos amantes às determinações do amor "só adquire sentido e inteligibilidade em um universo individualista" (SALEM, 1992, p. 62).[142] Outro aspecto a ser ressaltado diz respeito à "simbiose" do casal apaixonado (KAKAR; ROSS, 1987, p. 27), o qual se concebe como um indivíduo dual, cada um se vendo e se sentindo como uma parte do outro.[143]

A subversão domesticada do amor de Romeu e Julieta e sua utilização em benefício da ordem social evidenciam-se na superação da situação de conflito e discórdia disseminada pela qual passava a cidade de Verona para uma de harmonia e paz. Essa utilização de um amor imprevisível e incontrolável como fator de integração social revela-se no prólogo que o coro apresenta no início da peça:

---

[140] O contraste entre essa forma de pensar individualista e a predominante na cultura indiana, dominada por valores holistas, revela-se na dificuldade sentida pela mulher indiana de se autoconceber como "uma pessoa separada de seus papéis". A maior parte delas jamais "consideraria a possibilidade de abandonar seu papel(éis) atual(is) – o que na Índia significa abandonar a vida" (ROY, 1988, p. 141). Ela se revela também na noção indiana de que "o indivíduo não é nada por si próprio e que, consequentemente, as características psicológicas específicas do indivíduo nunca são valorizadas" (BIARDEAU, 1989, p. 52).

[141] Essa oposição entre as obrigações sociais e a afetividade, presente na trama de *Romeu e Julieta*, não deve ser generalizada para outras épocas e lugares, conforme ressaltam Viveiros de Castro e Araújo (1977, p. 132-138).

[142] De acordo com Gauchet e Swain, "a história da individualização é, de outro lado e necessariamente, a história de uma despossessão ou de uma destituição subjetiva" (*apud* Salem, 1992, p. 71).

[143] O termo "simbiose", empregado por Kakar e Ross, é utilizado também por Salem (1989), em sua análise das peculiaridades do amor vivido pelo casal igualitário.

> Duas famílias nobres e inimigas,
> Em Verona, onde vai passar-se o drama,
> Renovam lutas por questões antigas
> Em que sangue do povo se derrama.
> Dessas duas famílias que o ódio afasta
> Implacável, nasceu um par de amantes
> Cuja má sorte, trágica e nefasta,
> Levou a paz às casas litigantes.
> Desse ódio de família e seus extremos,
> E o infausto amor, que ainda ao morrer, mais forte
> Do que o ódio, sepultou o ódio na morte
> No palco, em duas horas, trataremos.
> Queira o auditório dar-nos a atenção
> E relevar a nossa imperfeição.
> (SHAKESPEARE, 1940)

Ela se expressa também nas palavras ditas pelo príncipe nos momentos finais:

> Capuleto! Montechio! Olhai a maldição
> Que pesa sobre a vossa inimizade!
> O céu quis pôr fim a vossas alegrias
> E para tanto se serviu do amor!
> (SHAKESPEARE, 1940, p. 199)

O destaque dado à paz que se instaura entre as casas litigantes, induzida pelo amor que sepultou o ódio na morte, contrasta com o modo pelo qual a relação entre amor e morte é pensada em *Layla e Majnun* e em *Tristão e Isolda*, apesar de o destino final dos amantes ser o mesmo: o de morrerem abraçados. Enquanto a morte de Romeu e Julieta é sentida como injusta e cruel, induzida pela discórdia entre as famílias, Layla e Majnun definham e expiram, suavemente, em decorrência de uma ânsia amorosa insatisfeita. Já em *Tristão e Isolda*, no confronto entre o amor e os valores sociais, nenhum se sobrepõe ao outro. Ambos são idealizados e glorificados. Graças ao artifício do filtro, preservam-se, simultaneamente, a rebeldia e a submissão, o desejo de liberação e o de se enquadrar nos valores atraiçoados.

Para Kakar e Ross, no entanto, a pacificação da cidade de Verona, em vez de ser tida como o efeito de um amor tão forte que se torna capaz de rir das muralhas e das barreiras e de ultrapassá-las, é tida como uma terrificante ironia, decorrente da oportuna utilização da morte dos dois amantes pelo bem-intencionado Frei Lourenço com o fim de estabelecer a paz entre as famílias litigantes. Considerar a consolidação do poder de Escalus, Príncipe de Verona, e a reconciliação das famílias Montechio e Capuleto como uma situação irônica e periférica à trama central, como o fazem Kakar e Ross, pressupõe, contudo, olvidar o fato de que a narrativa se inicia com a menção à discórdia entre as famílias e termina com a reafirmação da paz. Tal menoscabo justifica-se na medida em que o foco de tal análise se concentra, antes de tudo, na "selvagem, mortal e opressiva paixão florescida no coração desses dois suaves amantes". É esse amor feroz, camuflado pela "idealização cultural da ternura e da mútua adoração" (1987, p. 37), que outorgaria a *Romeu e Julieta* um apelo secreto e transcendente.

A percepção do amor apaixonado como selvagem, indomável e antissocial reflete, contudo, uma visão de mundo peculiar a sociedades holistas, análogas à Verona aristocrática, que valorizam os amores disciplinados.[144] Em sociedades dominadas por uma visão individualista da vida social, bem ao contrário, valorizam-se as "razões de Estado no campo do poder, lucro no campo da propriedade/dinheiro[145] ou paixão quase doentia no campo do amor", apesar de elas trazerem "consigo conotações *associais*, em todo caso metamorais" (LUHMANN, 1991, p. 37).[146]

A transformação de Romeu e Julieta em figuras míticas do amor romântico não significa que Shakespeare, cuja genialidade é

---

[144] A descrição feita por Tocqueville dos valores próprios às sociedades aristocráticas, holistas, evidencia a incompatibilidade desses valores com a ideologia individualista: "os homens que vivem nos séculos aristocráticos são quase sempre ligados, de maneira estreita, a algo que está situado fora deles, e muitas vezes se mostram dispostos a esquecer a si próprios. É verdade que, naqueles mesmos séculos, a noção geral do semelhante é obscura e que quase não se pensa em se devotar à causa da humanidade; mas se sacrifica muitas vezes a certos homens" (1987, p. 386-387).

[145] A análise feita por Dumont (1977) de *A fábula das abelhas*, de Mandeville, cujo subtítulo relaciona o vício privado ao benefício público, pode ser aplicada, a meu ver, à compreensão da legitimação das transgressões feitas em nome do amor em sociedades individualistas.

[146] Essa correlação é enfatizada também por Viveiros de Castro e Araújo: "tanto a razão de Estado de Maquiavel, quanto a desrazão amorosa afastam-se da razão social tradicional, holística" (1977, p. 164).

inegável, tenha sido o "inventor não anunciado do amor moderno" (MACFARLANE, 1990, p. 197), sobretudo no que diz respeito à Inglaterra, nação onde o casamento por amor foi adotado e institucionalizado bem antes do que nos países da Europa continental. Mesmo numa época tão remota quanto o século XIII, a ideia de que "o coração e a mente impunham-se sobre os laços de sangue, a escolha abolia a necessidade" (MACFARLANE, 1990, p. 193-194), já se fazia presente na Inglaterra. Em um caso específico de litígio matrimonial, a corte eclesiástica de York, encarregada de julgar a causa, recusou, em 1407, o pedido de anulação do casamento de Agnes Nakerer e John Ken, feito contra a vontade dos pais, confirmando sua validade (MACFARLANE, 1990, p. 218). Foi na Inglaterra também que os valores do individualismo desenvolveram-se mais precocemente. Na segunda metade do século XVI, a crença de que "se os corações não estão juntos nem a afeição os une, este não é um verdadeiro casamento, mas uma aparência de casamento" (FLANDRIN, 1986, p. 162) já estava bem consolidada na Inglaterra. A valorização e a institucionalização do casamento por amor foram reforçadas pela transposição, para o matrimônio, da noção de predestinação, tão forte nas religiões protestantes. Sob esse ângulo, os enamorados que se apaixonam aleatoriamente não o fazem por mero acaso, mas por estarem predestinados a se unirem pelo casamento.

O contraste entre os costumes e hábitos matrimoniais ingleses e os adotados na França se evidencia na consideração feita por Montaigne — dezessete anos antes da primeira publicação de *Romeu e Julieta* — de que "um bom casamento, se é que existe, recusa a presença e o modo de ser do amor" (1979, p. 66). Um século depois, François de La Rochefoucauld contrasta o costume dos cônjuges ingleses de estarem sempre juntos em suas atividades sociais com o dos parisienses, que consideravam ridículo sair sempre acompanhado da esposa (FLANDRIN, 1986, p. 164).[147] Foi somente a partir dos fins do século XVIII que a "moda" do amor conjugal,

---

[147] La Rochefoucauld viveu durante o século XVII. *Máximas e Reflexões*, uma de suas obras mais conhecidas, foi publicada em 1665. Portanto, a data em que foram feitas suas considerações não pode ter sido a mencionada na tradução para o português do texto de Jean-Louis Flandrin: 1784. Tal equívoco advém, provavelmente, de um erro da edição em português.

proveniente da literatura inglesa, insinuou-se entre a elite francesa. Esse "modismo", no entanto, reputado como anglomania, veio a competir e a ameaçar a prevalência do amor-paixão bem mais tarde,[148] sobretudo no que se refere aos setores mais elevados da sociedade, nos quais os casamentos arranjados ainda persistiram até as primeiras décadas do século passado.[149] A resistência francesa à absorção do romantismo à inglesa revela-se na concepção de Stendhal, expressa em seu livro *Do amor*,[150] publicado em 1822, de que a "cristalização" – processo por meio do qual se atribuem perfeições imaginárias e quiméricas à pessoa amada –,[151] indispensável, a seu ver, à emergência e manutenção da paixão amorosa, só se sustenta fora dos laços matrimoniais.[152] A crença na incompatibilidade inevitável entre amor e casamento ainda era corrente entre vários autores franceses

---

[148] Luhmann, referindo-se à França dessa época, ressalta o fato de que apenas a conquista de mulheres casadas enobrecia. Seduzir as solteiras "haveria de contribuir muito pouco para a gloire do herói" (1990, p. 59). Tais ideias, peculiares ao amor cortês e ao amor-paixão, ainda estavam presentes na Rússia do século XIX. Tendo como referência o romance *Ana Karenina*, de Tolstoi, percebe-se, facilmente, que as emoções sentidas pelo Conde Wronski, após sua primeira declaração de amor a Ana, não foram de tristeza e amargura, por estar vivendo um amor adúltero e, como tal, proibido e perigoso, mas "de felicidade e de orgulho" (TOLSTOI, 1971, p. 106). Tais emoções, aparentemente paradoxais por implicarem o prazer de sentir um amor infeliz, aliado ao orgulho em amar uma mulher interdita, são esclarecidas no desenrolar da trama, quando é dito que Wronski sabia muito bem que "o papel de enamorado infeliz de uma donzela ou de uma mulher livre pode parecer ridículo, mas o de um homem (jovem e solteiro) que persegue uma mulher casada e que tudo arrisca para seduzi-la tem algo de belo e grandioso" (TOLSTOI, 1971, p. 128). Além disso, a "alta posição do marido posto em xeque" dava ao caso uma importância ainda maior (TOLSTOI, 1971, p. 168). A quebra dos laços conjugais por Ana e sua consequente união, assumida publicamente, com Wronski ultrapassou, todavia, os canais adequados ao amor-paixão, que jamais desafia ou põe em xeque os laços conjugais. A ideia de que somente a conquista de mulheres casadas com homens da alta hierarquia social enobrece e que a sedução das solteiras não tem valor está presente, também, nas ações do Visconde de Valmont, em *Ligações perigosas*, de Choderlos de Laclos.

[149] Ver Trevelyan (1948 *apud* MACFARLANE, 1990, p. 337).

[150] Nesse livro, Stendhal procura compreender de que maneira as paixões invadem o coração dos homens, quais os elementos necessários à sua persistência e quais provocariam seu ocaso. Para ilustrar esse processo, ele cria dois personagens, Ernestine e Philippe Astézan, cuja história termina, sem maiores preâmbulos, com a seguinte consideração: "no ano seguinte, casaram-na com um velho tenente general riquíssimo, cavaleiro de várias ordens" (1993, p. 315).

[151] Stendhal denomina "de cristalização a operação do espírito que extrai de tudo o que se apresenta a descoberta de que o objeto amado tem novas perfeições" (1993, p. 6). É por isso que, "a partir do momento em que ama, o homem mais sábio não vê nenhum objeto tal como é" (1993, p. 22).

[152] Ou, dito em outros termos, "se a mulher se entregasse, daria o maior prazer físico possível; porém o amor não demoraria a terminar, por falta do que imaginar. Será preciso, para que ele se prolongue, nascer a dúvida, haver a frustração e assim, na alternância de medos e esperanças, de fracassos e êxitos, é que irão ocorrendo sucessivas cristalizações, que dão sequência ao amor apaixonado" (RIBEIRO, 1993, p. 421).

em meados do século XX. Para Rougemont, por exemplo, o *happy end* dos filmes românticos de Hollywood seria apenas uma forma ingênua de escamotear o fato de que a mulher amada com paixão, "é a mulher-da-qual-estamos-separados: perdêmo-la quando a possuímos" (1988, p. 199). A afirmação, expressa por Nelli, de que o direito das pessoas jovens de se casarem com quem querem cria "condições bastante favoráveis ao amor natural e à procriação, mas bem desfavoráveis à paixão" (1975, p. 129), ilustra igualmente as diferenças entre o contexto francês e o inglês, no que se refere à prioridade dada ao relacionamento conjugal.[153]

A dupla domesticação do amor em *Pamela*

A subversão domesticada do amor em *Romeu e Julieta* se processa dentro dos limites impostos pelas fronteiras que separam as classes sociais. Com a ascensão político-econômica da burguesia, essa limitação foi ultrapassada. O romance *Pamela: or virtue rewarded*, de Samuel Richardson, cujos personagens centrais se unem apesar das diferenças de classe, se constitui em um marco referencial desse câmbio. Desde que foi publicado, em 1740, sua difusão entre os leitores de língua inglesa foi extraordinária, tendo sido reeditado cinco vezes em apenas um ano. Logo, traduzido para diversas línguas europeias e transformado em peças teatrais e em ópera, viu-se a expansão de sua fama por toda a Europa. Sua popularidade foi tão expressiva que mulheres elegantes da alta sociedade costumavam usar leques decorados com as cenas mais apreciadas.[154]

O fato de seu autor ser também inglês, como Shakespeare, não é um mero acaso. Na Inglaterra, diferentemente da maior parte dos países europeus, as relações entre a aristocracia e as classes sociais burguesas nunca foram muito rígidas. Tocqueville ressalta esse aspecto

---

[153] Wolfram discorda da aplicação, à Inglaterra, da interpretação de Lévi-Strauss (1976a, p. 30) de que casamento deve ser considerado como uma troca-dádiva, por meio da qual se estabelecem relações de aliança entre as famílias dos cônjuges. Segundo ela, há diferenças entre o contexto francês e o inglês, no que se refere à prioridade dada ao relacionamento conjugal, já que o casamento inglês "nunca foi tradicionalmente uma aliança, no sentido em que ela é descrita para os sistemas de aliança no *corpus* da antropologia. O casamento cria um relacionamento entre os parentes de ambos os lados, interligando-os uns aos outros, mas o casamento não consiste nessa aliança. Ele consiste na união de esposos" (WOLFRAM, 1987, p. 16-17 *apud* STRATHERN, 1992, p. 79).

[154] Ver Kinkead-Weeks, Senior Lecturer em Literatura Inglesa da Universidade de Kent (1973, p. 70).

ao constatar, em seu estudo clássico, *O Antigo Regime e a Revolução*, que "em todos os lugares onde o sistema feudal se estabeleceu no continente da Europa acabou em casta, exceto na Inglaterra", onde "os nobres e os plebeus juntavam-se para fazer os mesmos negócios, escolhiam as mesmas profissões e, o que é muito mais significativo, casavam-se entre eles" (1989, p. 109). No caso específico da França, o isolamento matrimonial da aristocracia, muito acentuado no período anterior à Revolução, ainda se manteve, de certa forma, no período pós-revolucionário: "famílias antigas e modernas que aparentemente confundem-se em tudo ainda evitam o mais possível misturar-se pelo casamento" (1989, p. 110). Compreende-se, assim, tanto a prevalência do código do amor-paixão na França, quanto a predominância do romântico na Inglaterra e nos Estados Unidos.[155]

A domesticação do amor, em *Pamela*, ocorre duplamente, visto que atua não apenas como princípio de seleção conjugal, mas também como elemento propulsor da domesticação da virilidade masculina e de sua adaptação a relações conjugais estáveis, vividas no âmbito doméstico, num ambiente de intimidade cotidiana.[156] A domesticação da agressividade viril por meio do amor, veiculada em *Pamela*, revela uma noção que já se encontrava presente no imaginário dessa época. Na escultura *O leão apaixonado*, do belga Guillaume Geefs, que fez sucesso na Grande Exposição do Palácio de Cristal, realizada em Paris em 1851, um leão deixa prazerosamente que uma jovem, sentada em seu dorso, lhe corte as unhas. Na interpretação de Peter Gay, essa escultura ilustra de forma paradigmática o amor burguês. Nela, "o monarca da floresta, a corporificação da potência sexual bruta, submete-se de bom grado à beleza, que evoca o decoro, a delicadeza e a ternura, para viver feliz, presumivelmente sob o jugo

---

[155] As diferenças entre o contexto cultural francês e o norte-americano evidenciam-se, segundo o olhar crítico de Rougemont, em relação à enorme importância dada, nos Estados Unidos, ao amor romântico. A seu ver, nenhuma outra nação "tentou com tanta ingenuidade e temeridade a perigosa aventura de fazer coincidirem o casamento e o amor, assim compreendido, e basear o primeiro no segundo" (1988, p. 204). Goode, por sua vez, indo mais além, acredita que o amor romântico, tal como ele se expressa na sociedade norte-americana e nas situadas no nordeste europeu, inexistiria em outras sociedades, tais como a italiana, a russa, a húngara, a polonesa, a espanhola e as latino-americanas. A França, curiosamente, não está incluída em nenhum dos dois casos citados (1959a, p. 42 e 1959b, p. 542).

[156] Conforme observa Giddens, no amor romântico "a heroína amansa, suaviza e modifica a masculinidade supostamente intratável do seu objeto amado, possibilitando que a afeição mútua se transforme na principal diretriz de suas vidas juntos" (1993, p. 57).

suave do matrimônio" (1990, p. 361). A repetição desse tema, em 1858, por Abraham Solomon, da Royal Academy de Londres, em uma pintura jocosa apelidada *Leão apaixonado* – na qual um homem de roupas militares tenta enfiar uma linha na agulha, enquanto a mulher o observa carinhosamente expressa, igualmente, o poder do amor conjugal. Litografias análogas foram publicadas na Alemanha, em torno de 1850. Uma delas, anônima, foi denominada *Capturado e domado* (GAY, 1990, p. 357).[157]

Pamela faz parte de um gênero literário, o romance epistolar, desenvolvido ao longo do século XVIII. *As relações perigosas* de Choderlos de Laclos, as *Cartas persas,* de Montesquieu, e *Os sofrimentos do jovem Werther*, de Goethe, exprimem a força dessa tendência. Em *Pamela*, a narrativa, fundamentada em cartas escritas e recebidas por ela e em alguns trechos de seu diário, evidencia sua visão pessoal sobre os acontecimentos, não só por ser ela quem descreve os diálogos que mantém com os outros personagens da história, mas também por ser quem sinaliza e interpreta os sentimentos de cada um deles, tanto nos diálogos quanto nas cartas recebidas. Os desígnios de Mr. B,[158] o herói (se assim se pode chamá-lo, pois seu intento é seduzir Pamela por todos os meios disponíveis), só podem ser inferidos a partir da descrição que a jovem apresenta de tais eventos.

A narrativa começa com a morte da mãe de Mr. B, denominada Lady, que havia alçado Pamela, uma simples serviçal, a uma posição mais elevada do que a que lhe seria devida. Além de lhe dar um tratamento especial, Lady estimulara Pamela a escrever, fazer cálculos e a se tornar hábil bordadeira. Acostumada a se vestir com as roupas finas que recebia da Lady, Pamela tinha também maneiras apropriadas a tal situação ambígua. Com a morte da senhora, é o filho, Mr. B, que passa a ser seu senhor. A partir dessa posição de poder, ele começa a assediá-la sexualmente. Nesse contexto, o desejo sexual masculino

---

[157] O aspecto benéfico da domesticação da virilidade masculina, induzida pelo amor romântico, contrasta marcadamente com a concepção de que o amor apaixonado do Rei Dasáratha, pai de Rama, por uma de suas mulheres, Kaikeyi, seria pernicioso. O caráter prejudicial e destrutivo desse amor foi reconhecido por ele próprio, ao exclamar: "maldição para mim, cruel natureza impotente, de pouco vigor, homem subjugado por mulher e incapaz de exaltar-se pela cólera, sem energia, sem alma!" (*Ramayana*, adaptação de SCHWAB, 1993, p. 41).

[158] É esse o nome dado por Richardson à personagem masculina que, juntamente com sua mãe, chamada apenas de Lady, não são identificados pelo sobrenome ou nome de família.

precede a manifestação de emoções mais ternas e refinadas. Perante tal situação, Pamela se sente fortemente ameaçada. O caráter temível da sexualidade agressiva de Mr. B não provém, contudo, apenas da forma coativa com que ela se manifesta, mas também do prazer sentido por Pamela, embora jamais admitido conscientemente, de ser abraçada e beijada por Mr. B. As constantes e reiteradas negações a esse prazer o desvelam, uma vez que é pela negação, como observa Freud em *Die Verneinung*, que o desejo reprimido se manifesta à consciência.[159] Essa "hipocrisia inconsciente", perceptível nos textos escritos pela protagonista,[160] manifesta-se também no autor-escritor. A despeito de Richardson ter elaborado um romance repleto de cenas de cunho sexual e de considerações eróticas subliminares, o objetivo que ele assume, explicitamente, tanto no subtítulo quanto no prefácio, é o da exaltação da virtude e da pureza. A leitura de *Pamela*, todavia, permite inferir que "o elemento central da fantasia de Richardson" se concentra no fato de que "Pamela, apesar de todo o medo, aprecia os elementos hostis e mesmo agressivos da sexualidade de Mr. B" (LEITES, 1984, p. 239).

A possibilidade aberta ao leitor de diferenciar as emoções conscientes de Pamela, ligadas aos seus receios, à sua angústia e à sua fé na virtude, e as inconscientes, vinculadas ao prazer de ser desejada, abraçada e beijada por Mr. B, é propiciada, em grande parte, pelo estilo epistolar e intimista da narrativa.[161] Devido a esse artifício, Richardson pôde, ao mesmo tempo, afirmar e negar os desejos e os

---

[159] O termo *Verneinung* (negativa) tem um duplo significado, distinguível em francês, embora não em português: o de *negation*, no sentido lógico e gramatical, e o de *denegation*, no sentido psicológico (THEVES; THIS, 1982, p. 7).

[160] A hipocrisia inconsciente se assemelha à má-fé, na terminologia sartriana. Ambas se ligam a uma consciência que se autoengana, sem se dar conta disso. É por essa razão que o mentir a si mesmo da hipocrisia inconsciente e da má-fé implicam a unidade da consciência, enquanto a mentira, propriamente dita, pressupõe a dualidade, já que ela pressupõe o conhecimento da verdade que se deseja encobrir: "não se mente sobre o que se ignora" (SARTRE, 1997, p. 93).

[161] Usando a mesma estratégia, em *As relações perigosas*, Choderlos de Laclos possibilita ao leitor (tanto o personagem leitor a quem a carta se dirige quanto ao próprio leitor do romance) dar-se conta de emoções inconscientes ao próprio missivista. De forma inversa ao que ocorre em *Pamela*, todavia, em *As relações perigosas*, a hipocrisia inconsciente decorre do desejo de ser deliberadamente falso e cínico, e não de uma pretensa virtude. A paixão, simulada pelo Visconde de Valmont, pela Sra. de Tourvel, a fim de conquistá-la, transforma-se, inadvertidamente, em uma paixão real, que ele extravasa de tal forma em suas cartas à Marquesa de Merteuil que ela a capta plenamente, contrariamente ao que o próprio Visconde de Valmont acredita e procura ostentar.

prazeres de fundo sexual de sua personagem. O leitor que, por sua vez, não se permitiria desfrutá-los abertamente, pode usufruí-los sem se sentir conivente. O romance epistolar, como assinala Luhmann, consegue que "o incomunicável converta-se em conhecimento, sem que tenha que passar pela via da comunicação" (1985, p. 136). A reação ambígua despertada por *Pamela* junto ao público provém dessa dualidade. Se, para a maior parte de seus intérpretes, a narrativa sobre as adversidades vividas por Pamela poderia ser considerada como o epítome da moralidade,[162] para alguns outros, ela seria o protótipo da imoralidade licenciosa. De qualquer forma, a imagem romantizada de Pamela não deixa de ser a de uma mulher que se apaixona e se casa por amor e, ao mesmo tempo, "vive até o casamento sem qualquer consciência sexual" (LUHMANN, 1991, p. 167).

Na primeira vez em que Mr. B tenta abraçar e beijar Pamela, ela, espantada e assustada, o rejeita e o acusa de estar denegrindo não apenas a ela, mas também a si próprio, por agir de forma inadequada a um senhor. Ela afirma também sua integridade moral inabalável, dizendo-lhe: "se você fosse um príncipe não seria de outro modo" (RICHARDSON, 1962, p. 12). Reagindo irado a essa atitude, Mr. B, que havia lhe prometido vantagens monetárias, chama-a de tola e a recrimina por não ceder a seus desejos. Apesar de sua tenra idade, apenas quinze anos, e de sua dupla fragilidade – como mulher e como serviçal –, ela resiste firmemente às suas inúmeras e reiteradas tentativas de sedução.[163] A força de sua inocência e virtude constrói uma barreira intransponível a tais intentos. Mesmo assim, eles persistem e se manifestam em várias ocasiões. Em uma dessas, Mr. B, escondido no *closet*, espera que ela troque de roupa e se deite, a fim de abordá-la. Na descrição que Pamela faz desse episódio, pode-se

---

[162] A leitura de *Pamela* chegou a ser recomendada por alguns pastores em púlpito.

[163] As atitudes adotadas por Mr. B em suas tentativas de seduzir Pamela diferenciam-se, marcadamente, das adotadas em *Don Juan* de Gabriel Tellez. Seed, para quem "as seduções acontecem através de códigos culturalmente prescritos" (1994, p. 7), as diferencia em dois pontos centrais. Um deles se refere à relutância dos homens anglo-americanos de reconhecerem sua vulnerabilidade e dependência emocional em relação às mulheres, enquanto os espanhóis a aceitam e adotam abertamente. Outro diz respeito à proposta de casamento. Se "na ficção romântica anglo-americana a oferta de casamento é usualmente um estágio final do namoro, em *Don Juan*, e para os dons juans, a promessa de casamento [muitas vezes enganosa] é apenas o passo inicial, a pré-condição necessária para iniciar a sedução" (1994, p. 36-37).

perceber, contudo, que, mesmo assustada, ela não deixa de observar a beleza do robe usado por Mr. B:

> Tirei meus espartilhos, e minhas meias, e todas as minhas roupas, exceto as íntimas; então ouvindo um ruído de novo no *closet*, "Céus protejam-me! Mas antes de eu dizer minhas preces eu devo olhar dentro desse *closet*". E então estava indo dar uma olhada, quando, Oh terrível! meu senhor saiu precipitadamente em um rico robe de seda prateado" (RICHARDSON, 1962, p. 49).

Devido aos constantes assédios de Mr. B, Pamela decide retornar à casa de seus pais. Ao saber dessa decisão, ele lhe pede para permanecer pelo menos por mais algum tempo e, esquecendo seu orgulho, lhe diz: "Você tem muito bom senso para não descobrir que eu, a despeito de meu coração e de todo o orgulho dele, não posso senão amar você. Olhe para mim, minha doce menina! Eu devo dizer eu te amo" (RICHARDSON, 1962, p. 69).

A essa fala se segue a confissão explícita de "amá-la até a extravagância" (RICHARDSON, 1962, p. 69). Apesar de estremecida perante tal manifestação inusitada e inesperada de amor, ela persiste em sua determinação de retornar à casa de seus pais e lhe roga para não continuar a tentar "uma pobre criatura que seria dele, se sua virtude permitisse" (RICHARDSON, 1962, p. 70). Mudando de estratégia, Mr. B ordena ao cocheiro que a leve até a casa de seus pais, dando-lhe a impressão de que teria concordado com sua decisão. A real intenção dele, todavia, já proposta ao cocheiro anteriormente, era de raptá-la e aprisioná-la em uma fazenda de sua propriedade situada em Lincolnshire. A fim de se desculpar e justificar essa atitude drástica, ele escreve uma carta, na qual declara que fora a paixão que nutria por ela, aliada à sua obstinada recusa em aceitá-lo, que o obrigaram a agir dessa forma. Ele declara, também, que não tem a intenção de fazer-lhe nenhum mal. A casa para a qual ela está sendo levada será como de propriedade dela, de tal forma "que até ele mesmo não entrará nela a não ser com a permissão dela" (RICHARDSON, 1962, p. 88).

Esse aprisionamento se estende por um período de quarenta dias. A coincidência entre os dias de aprisionamento, provação e consternação de Pamela – durante os quais Mr. B tenta seduzi-la, quer por meio de atitudes violentas e ameaçadoras, que chegam bem próximas ao estupro, ou de gestos ternos e delicados — e os dias passados por Cristo no deserto sugere, na interpretação de Kinkead-Weekes, uma mensagem de "crescimento espiritual através da provação e da tentação" (1973, p. 34).

Nos primeiros dias do cativeiro, Mr. B não impõe sua presença. Mantendo-se fiel ao que lhe havia prometido, no décimo dia após o rapto ele solicita permissão para vê-la, assegurando-lhe que não haveria motivos para temores, pois ela estaria protegida em sua honra. Ele lhe diz, também, que está esperando, com ansiedade, uma resposta favorável ao "fervoroso pedido de alguém que não pode viver sem você" (RICHARDSON, 1962, p. 115). Pamela responde que, devido à sua inocência lhe ser muito preciosa, ela iria ser franca e, até mesmo, indelicada e lembrar-lhe que, se suas intenções fossem realmente honradas, ele poderia tê-las mencionado e não precisaria estar mantendo-a prisioneira. Para terminar, ela se subscreve como "sua intensamente oprimida, infeliz serviçal" (RICHARDSON, 1962, p. 121).

A atitude, inicialmente respeitosa e condescendente de Mr. B, não se mantém por muito tempo. Depois de ele ter descoberto os planos de fuga que ela havia forjado com a ajuda de Mr. Williams, o Pastor, ele lhe escreve indignado por ela, que renegara sua presença e companhia, ter cogitado em fugir com um estranho. Acusando-a de hipócrita, por esconder, sob o véu da inocência, desígnios pérfidos, ele se diz arrependido de tê-la respeitado, amado e honrado, além do que ela merecia, sem levar em conta seu orgulho e a diferença de condição entre os dois. Sentindo-se liberado da promessa de não vê-la sem permissão, ele afirma sua intenção de ir ao seu encontro nos próximos dias, subscrevendo-se como "um homem que foi uma vez seu amigo afeiçoado e gentil" (RICHARDSON, 1962, p. 143).

Após sua chegada a Lincolnshire, no trigésimo oitavo dia do aprisionamento de Pamela, ele manda chamá-la e, dirigindo-se a ela com um "ar majestático" — é essa a forma como ela o vê —, chama-a de "perversa e ingrata fujona" (RICHARDSON, 1962, p. 159). Logo a seguir, sucedem-se várias situações nas quais ele a agride verbalmente, beija-a, abraça-a e, perante suas reiteradas recusas, ameaça-a com novas investidas. Em uma dessas ocasiões, ele a adverte dizendo: "considere onde você está e não banque a tola, se você o fizer, destinos mais temíveis do que você espera a aguardam" (RICHARDSON, 1962, p. 178).

Na noite do trigésimo nono dia, ela se defronta com "a pior ameaça e o mais ameaçador perigo" (RICHARDSON, 1962, p. 174). Depois de ter se deitado, Mr. B aproxima-se sorrateiramente e a abraça, dizendo-lhe: "Você está em meu poder! Você não pode escapar de mim, nem se ajudar a si própria!". Logo a seguir, ela relata, "ele pôs a mão em meu seio. Aterrorizada e lutando, eu desmaiei" (RICHARDSON, 1962, p. 179). Ao retornar à consciência, vendo-o sentado em sua cama de toga e chinelo, ela fica apavorada, levanta-se subitamente, sem se preocupar com a própria aparência, e lhe pergunta o que havia se passado enquanto estava desmaiada. Ele lhe revela, então, que desistira de forçá-la a aceitá-lo contra a vontade, pede-lhe perdão, beija sua mão e se retira. Posteriormente, ele lhe diz que agiu assim, porque o medo de que o desmaio a levasse à morte, o fez perceber que a ama "além de todas as do seu sexo, e que não pode viver sem ela" (RICHARDSON, 1962, p. 181).

No dia seguinte, assumindo uma atitude conciliadora e terna e lhe assegurando que não iria tentar coagi-la novamente, ele a leva a passear pelo jardim. Com os braços em volta de sua cintura, ele lhe tece galanteios que a fazem sentir-se orgulhosa de si mesma. Ela permanece, contudo, amedrontada, sobretudo por tê-lo ouvido dizer que tentaria conquistá-la novamente, só que, desta vez, com carinho em lugar de ameaças. A saída desse círculo vicioso, em que momentos de ternura se sucedem a outros agressivos, ocorre somente após Mr. B ter lido o diário de Pamela, sem que ela o soubesse, e ter se comovido com o relato de seus medos e sofrimentos. Arrependido por lhe ter causado tanto mal, ele lhe promete se redimir, sem levar em conta opiniões alheias ou censuras que poderiam incidir sobre suas ações.[164] Por não se considerar merecedora de tal honra e por temer ser enganada novamente, ela lhe pede para deixá-la retornar à casa de seus pais. Indignado por ter sido desprezado no momento em que se mostrava arrependido e terno, ele ordena que ela saia de sua presença e de sua casa. Tendo obtido a permissão de retornar

---

[164] A regeneração de Mr. B, após a leitura do diário de Pamela, além de evidenciar a domesticação da agressividade viril por meio da influência benéfica das mulheres virtuosas, revela simultaneamente a noção de que os homens podem "ser menos do que virtuosos e a ainda serem homens íntegros" (LEITES, 1984, p. 247).

para junto de seus pais, objetivo tão intensamente almejado, Pamela reconhece, com espanto, estar relutante em fazê-lo. Ao refletir sobre o que poderia estar sucedendo em seu contraditório e ingovernável coração, ela compara essa aflição tão inesperada à vivida pelos israelitas que sentiram "falta das cebolas e dos alhos do Egito, onde haviam sofrido uma escravidão opressiva análoga" (RICHARDSON, 1962, p. 217).

Depois da partida de Pamela, Mr. B arrepende-se de tê-la mandado embora. Por meio de um mensageiro veloz, ele lhe envia uma carta, na qual lhe diz que a força moral que se evidencia na leitura de seu diário induziu-o a "desafiar todas as censuras do mundo, e fazer dela sua esposa" (RICHARDSON, 1962, p. 219). Ao ler a carta com o pedido de casamento, ela reconhece, pela primeira vez, ter o coração pleno de amor por ele. O amor a teria atingido sem que ela soubesse como veio, nem quando começou: "ele deslizou como um ladrão sobre mim antes de eu saber o que estava acontecendo" (RICHARDSON, 1962, p. 220).

Desse momento em diante, os insistentes beijos de Mr. B, consagrados pela promessa do casamento, não a intimidam mais. Sua única preocupação relaciona-se à possibilidade de alguém vê-los em tal intimidade. Na descrição que ela faz do passeio de charrete isso aparece claramente:

> Na verdade, na primeira vez que saímos, ele me beijou um pouco demais; e eu estava receosa de Robin [o cocheiro] olhar para trás e de as pessoas estarem nos vendo, ao passarem; mas ele estava excessivamente gentil comigo, inclusive em suas palavras (RICHARDSON, 1962, p. 232).

Os aspectos aparentemente contraditórios de tais atitudes de Pamela em relação à sexualidade se dissipam quando se leva em conta o fato de que o amor romântico, cujo fim último é o casamento, "presume uma comunicação psíquica, um encontro de almas que tem um caráter reparador" (GIDDENS, 1993, p. 56). Na noite de núpcias, a sexualidade agressiva de Mr. B, que o tornava vil, perverso e desprezível, transfigura-se em atitudes puras, castas e doces, que dissipam os temores de Pamela e lhe trazem a felicidade:

> Ele teve compaixão pela fragilidade do meu espírito, condescendeu com minhas pequenas fraquezas e empenhou-se em

dissipar meus medos; suas palavras eram tão puras, suas ideias tão castas, e todo o seu comportamento tão decentemente doce, que jamais, certamente, houve uma criatura tão feliz quanto a sua Pamela! (RICHARDSON, 1962, p. 316).

Logo após a decisão do casamento ter sido tomada, o jovem casal procura obter a aprovação dos parentes, amigos e vizinhos de Mr. B. Esse processo se inicia por ocasião do noivado, com a chegada da irmã de Mr. B, Lady Davers, avessa à ideia do casamento. A qualificação de Pamela como futura esposa de um *gentleman* se apoiará, sobretudo, em suas excepcionais qualidades morais, que a fizeram merecedora do amor de Mr. B, o que pressupõe a aceitação tácita da ascensão social daqueles que a isso fazem jus, devido ao seu valor pessoal.[165] De acordo com o próprio Richardson, "Pamela estava destinada a brilhar como uma esposa afeiçoada, uma amiga fiel, uma polida e delicada vizinha, uma mãe indulgente, e uma senhora benévola" (1961, p.V).[166] Tal declaração consta do prefácio do segundo volume, publicado no ano seguinte, em que a adequação de Pamela ao seu novo papel foi explorada minuciosamente. Dessa maneira, *Pamela* "pôs em segundo plano a mulher aristocrática, figura de valores transparentes, tais como riqueza, nome e título, e construiu outro modelo de mulher: aquela que não se pode conhecer pela aparência, aquela que é dotada de subjetividade" (ARMSTRONG, 1992, p. 226).

Não se pode deixar de observar, todavia, que, em contraposição ao tom poético, algumas vezes heroico e trágico e, outras vezes, terno e sensual de *Tristão e Isolda* e de *Romeu e Julieta*, certas passagens de *Pamela* têm uma conotação dramática próxima a uma paródia quase cômica. Cenas de assédio sexual, seguidas de lágrimas e de desmaios, frequentemente repetidas, não correspondem ao que se costuma atribuir a uma narrativa romântica. A análise dessas cenas,

---

[165] Dessa perspectiva, pode-se dizer que *Pamela* se inspira "numa moral puritana e utilitária baseada em certas virtudes burguesas (tais como a retidão e a decência) que constituem os meios idôneos para ascender socialmente" (BÉJAR, 1988, p. 189).

[166] A valorização da ascensão social pelo mérito e não pelo sangue, subjacente à ascensão de Pamela, é explicitada por Kinkead-Weekes nos seguintes termos: "Pamela e seu marido triunfam sobre os debochados e cínicos, serventes e ladies, sobre todos, na verdade, que ouviram sua história [...]. O coro de louvores e bênçãos que resultam, não são somente a recompensa da felicidade do par, mas também o sinal de uma comunidade de espírito unindo-os à sua casa familiar e a seus vizinhos com laços estáveis e verdadeiros" (1962, p. 64-67).

aparentemente próximas ao burlesco, constitui, no entanto, a chave para se compreender o caráter moralmente regenerador intrínseco ao romantismo, em sua forma eminentemente burguesa – na acepção dada a esse termo por Peter Gay.[167] Diversamente do amor cortês: "Longe de unir pessoas que são perfeitas por antecipação, a experiência do amor faz sua idealidade" (SINGER, 1992b, p. 30), o que é plausível numa época em que "as pessoas são entendidas como modificáveis, passíveis de evolução, perfectíveis" (LUHMANN, 1991, p. 132), e não mais dominadas por humores e temperamentos impenetráveis às ações humanas. Nessas circunstâncias, o amor torna-se mágico. Mas, de forma diversa da que ocorria anteriormente, a magia situa-se não na origem do amor, mas nele próprio. No lugar de filtros que despertam a paixão, é o próprio amor que induz transformações miraculosas naqueles que se amam. Por meio dele, os feios tornam-se belos, os pobres, ricos, os agressivos, mansos, e assim por diante.

A relevância de *Pamela*, na contraposição entre amores disciplinados e domesticados, não se atém, contudo, somente à atribuição ao amor da capacidade de ultrapassar as barreiras de classe e domesticar a sexualidade masculina. Há diferenças quanto à forma de pensar a relação entre pureza e poder, aí presente, e a que perpassa o *Ramayana*. Uma delas diz respeito ao fato de que a pureza de Pamela outorga-lhe um poder socialmente útil.[168] Enquanto a virtude recompensada constitui o subtítulo de *Pamela*, a pureza de Sita aumenta seu poder espiritual (*sakti*), mas não a torna capaz de usufruir do amor de Rama, nem da riqueza e do conforto material que lhe seriam devidos. Outra diferença relaciona-se às razões subjacentes à manutenção da pureza. Se em Sita elas provêm de sua obediência ao *svadharma*, ou seja, às imposições morais decorrentes de seu papel como esposa, em Pamela, são as imposições de sua própria consciência que a dirigem. O individualismo

---

[167] A seu ver, os burgueses teriam em comum "a qualidade negativa de não serem nem aristocratas, nem operários, e de se sentirem mal em suas próprias peles" (GAY, 1988, p. 41, 33).

[168] A ideia de que a castidade, assim como a abnegação e a submissão das mulheres ao poder masculino seriam virtudes recompensáveis pela felicidade conjugal, veiculada em *Pamela*, ainda se fazia presente em revistas femininas brasileiras, publicadas entre os anos de 1945 e 1960, tais como o *Jornal das Moças* e *Cláudia* (BASSANEZI, 1993).

moral, presente em *Pamela*, é ressaltado por Edmund Leites nos seguintes termos:

> O que a faz moralmente pura não é o completo cumprimento das imposições de uma moralidade externa, provinda de uma fonte divina, a qual ela, em sua humanidade, se submete vitoriosamente. Ela é pura por causa do poder que sua própria consciência moral tem em sua mente e coração: esse poder é tão predominante que bloqueia até mesmo o reconhecimento de suas próprias necessidades sexuais. É tão forte que a salva de circunstâncias extraordinariamente difíceis, sua voz moral é o seu senhor (1984, p. 247).[169]

Tais ideias, relacionadas à valorização da capacidade dos indivíduos de se autogovernarem, enraízam-se na convicção puritana de que a completa autorregulação das ações e das palavras, e até mesmo dos desejos e dos sentimentos, seria uma meta ao alcance dos que vivem uma vida mundana. A pureza moral torna-se, assim, compatível com a conjugalidade, e não algo exclusivo dos que levam uma vida ascética, estritamente religiosa.[170]

A influência da literatura romântica, ao estilo de *Pamela*, sobre o imaginário amoroso do mundo ocidental perdurou até fins dos anos 1950. Nos romances de M. Delly, que eram a leitura preferida das adolescentes brasileiras de classe média, dessa época,[171] no entanto, assim como em outros autores franceses do mesmo estilo, o dilema do casamento desigual era ultrapassado, geralmente, pela descoberta da origem nobre da heroína e não pela sua virtude moral, como ocorre em *Pamela*.[172] Algumas vezes,

---

[169] Essas considerações de Leites foram feitas em seu artigo "Pamela's Purity", publicado numa coletânea, organizada por Galey, em homenagem a Louis Dumont.

[170] A ideia de que para ser puro não é preciso abandonar o mundo e se confinar em um mosteiro, já que "a autorregulação das ações, atitudes e palavras, se não dos desejos e sentimentos, era possível neste mundo" (LEITES, 1984, p. 249) foi difundida pelos Platonistas de Cambridge, um grupo de acadêmicos puritanos que exerceram uma extraordinária influência na cultura inglesa, dos fins do século XVII ao século XVIII, e foram os mentores da difusão. Nesse contexto, o ciclo de pecado, arrependimento e perdão, no qual as fraquezas morais eram, de certa forma, sancionadas, foi substituído pela exigência de uma vida moral rigorosa.

[171] Os romances de M. Delly, escritos e publicados na França nas primeiras décadas do século XX, foram divulgados no Brasil, entre os anos de 1940 e 1960, numa coleção intitulada Biblioteca das Moças, pela Companhia Editora Nacional, de São Paulo.

[172] A valorização da pureza feminina, aliada à manutenção das barreiras de classe, propagada pelos

o amor se desenvolvia somente após o casamento de conveniência. Essas mudanças no enredo padrão refletem as diferenças, já mencionadas, entre o meio cultural francês e o inglês em relação ao matrimônio. De qualquer maneira, o herói, sempre descrito como arrogante, autoritário, impetuoso e inflexível, "se adoça e se suaviza, marcado pela influência da mulher" (PRADO, 1981, p. 100).[173] A valorização dada ao poder masculino e à virtude feminina manteve-se, também, inalterada.

Nos países europeus situados na orla do Mediterrâneo, contudo, devido, provavelmente, à influência árabe, a pureza das mulheres é muito mais uma questão ligada à honra masculina e familiar do que uma meta a ser alcançada a fim de assegurar vantagens pessoais.[174] Nesse contexto, a pureza delas é assegurada não por uma força moral, que lhes seria própria, mas pelo controle exercido pelos homens da família sobre a sexualidade feminina, tida como ameaçadora.[175] Outro fator que merece destaque relaciona-se à separação radical entre o mundo feminino e masculino, que se manteve nas áreas rurais daqueles países pelo menos até os anos 1970: "enquanto as mulheres eram forçadas a evitar os lugares públicos, pode-se dizer igualmente que os homens eram forçados a deixar a tranquilidade e o conforto do lar pela maior parte do dia" (GILMORE, 1990, p. 957). Aqueles que ousassem desobedecer tais imperativos e se apegassem em demasia às mulheres ou à vida doméstica, tinham sua virilidade questionada. As relações de companheirismo e de intimidade se

---

romances de M. Delly, ainda norteava os casamentos nas famílias de classe média e alta da cidade mineira de Araxá no decorrer dos anos 1970. De acordo com a pesquisa realizada por Abreu Filho, "os casamentos envolvem uma troca simbólica, uma reciprocidade onde o homem entra com o nome de família, representante de uma posição social e a mulher como representante de uma moral" (1982, p. 116).

[173] O fato de os heróis românticos serem, ao mesmo tempo, agressivos e suaves no amor não constitui, por si só, uma novidade. No código do amor-paixão, o amor se caracteriza, igualmente, como luta, "como assédio e conquista da mulher" e, ao mesmo tempo, como "a autossubmissão incondicional à vontade da amada" (LUHMANN, 1991, p. 77-78). Também no amor cortês há uma completa submissão aos desejos da amada, concomitantemente à utilização, no discurso amoroso, de termos próprios à linguagem guerreira. A peculiaridade do romantismo está na introdução de tal dualidade no âmbito do amor conjugal.

[174] Ver Peristiany (1988) e Dória (1994).

[175] A percepção da sexualidade feminina como ameaçadora e até mesmo demoníaca fez parte do imaginário europeu da Idade Média (DELUMEAU, 1990).

estabeleciam e se consolidavam entre os membros de cada sexo, e não entre os cônjuges.

O amor como fundamento do casamento

A idealização do modelo de vida conjugal, romântica, expressa em *Pamela*, revela a necessidade de se compreender a domesticação do amor não apenas como princípio de seleção conjugal, mas também como fator essencial à consolidação do matrimônio burguês, fundamentado na intimidade da vida a dois.[176] Para melhor entender esse processo, recorri, primordialmente, a cartas e diários íntimos citados e analisados por Peter Gay em suas investigações sobre a vida matrimonial e erótico-amorosa da burguesia norte-americana e inglesa do século XIX. A opção por esse material de pesquisa proveio, em grande parte, da percepção da existência de um paralelismo notável entre o modo pelo qual o amor e a sexualidade são enfocados em *Pamela* e o que transparece na correspondência e nos relatos autobiográficos transcritos por Gay. A ênfase no material norte-americano justifica-se na medida em que "tomar o testemunho da América é como capturar a burguesia do século XIX no que ela tem de mais puro, ou, talvez mais apropriadamente, no limite do futuro que lhe estava destinado" (GAY, 1988, p. 15).

A imagem geralmente atribuída à esposa dessa época – de que ela seria sexualmente frígida e mais ligada afetivamente aos filhos do que ao marido – é tida por Gay como muito mais mítica do que real. A valorização dada à intimidade da vida conjugal em detrimento do relacionamento com os filhos, tanto na Inglaterra, quanto nos Estados Unidos, é enfatizada por Gay, ao afirmar que:

> Em boa parte da correspondência de classe média assim como nos diários, as crianças são em geral interessantes, engraçadas e muitas vezes queridas, mas não passam de notas marginais, de fonte de histórias alegres e alvo de conselhos zelosos. O laço

---

[176] Com efeito, "a burguesia valoriza muito mais uma relação conjugal íntima, doméstica, procurando demolir assim a rigidez tradicional no seio da estrutura familiar, enquanto a aristocracia não foi capaz de encontrar qualquer viabilidade no princípio da intimidade, sendo por isso obrigada a rejeitá-lo" (LUHMANN, 1991, p. 171n). No que se refere especificamente à Inglaterra, Macfarlane observa que "sem levar em conta a paixão poderosa, generalizada e impetuosa no núcleo mesmo do sistema de casamento, é impossível entender seus outros aspectos" (MACFARLANE 1990, p. 218).

que realmente importava, mais do que qualquer outro, era o que unia os cônjuges (GAY, 1988, p. 103).

A sexualidade, por sua vez, desde que acobertada pelo manto protetor do relacionamento conjugal e metamorfoseada num encontro de almas, era uma preocupação obsessiva dos burgueses da época vitoriana. Menções sobre os prazeres sexuais em diários e cartas eram bem mais comuns do que se poderia supor. A atribuição aos vitorianos de uma vida sexual restrita tem sido aceita como verdadeira, não só porque "a reserva delicada, uma timidez marcada por rubores e uma atitude docemente pudica são precisamente as qualidades femininas que despertam a atenção dos homens, jovens e velhos" (KLEIN, 1971, p. 43), mas também "porque o abismo que separava o comportamento em público dos sentimentos pessoais era muito largo: o melindre e o decoro negavam ao erotismo quase todos os meios de expressar-se" (GAY, 1988, p. 103).

Compreende-se, assim, a razão pela qual as revelações íntimas, expressas em cartas e diários, se constituem em um veículo privilegiado de acesso às vivências erótico-amorosas da burguesia. O fato de que as experiências sexuais relatadas possam não corresponder aos acontecimentos realmente vividos não lhes retira a validade. É nessa esfera, mais do que em qualquer outra, que "o orgulho, a vergonha ou constrangimento guiam a pena, inventando conquistas e negando derrotas, distorcendo sentimentos e, com muita frequência, copiando fórmulas" (GAY, 1988, p. 88). Tais testemunhos evidenciam, também, a existência de semelhanças surpreendentes entre as declarações aí presentes e as atribuídas por Richardson a Pamela. No diário de Lester Ward, um sociólogo americano bem conhecido nos meios acadêmicos entre os anos 1860 e 1870, pode-se perceber uma dessas semelhanças, a da utilização de termos adocicados para designar a experiência sexual do casal: "Quando cheguei ao lar da doçura, ela me recebeu em seus braços de ternura e comprimiu-me contra seu corpo de mel, e nossos lábios se tocaram e nossas almas ingressaram juntas no paraíso" (*apud* GAY, 1988, p. 100).

O paraíso sexual referido por Lester Ward era acessível, contudo, apenas aos cônjuges: "o ideal erótico burguês era, em duas palavras, o amor conjugal" (GAY, 1990, p. 361). Nesse sentido, os casamentos de conveniência seriam incompatíveis com "a alegria dos Campos Elísios", opinião expressa por Sophia Hawthorne em anotações feitas no diário do marido no decorrer do ano de 1843 (*apud* GAY, 1990, p. 327).

Outra semelhança diz respeito à pureza inerente ao amor conjugal. Em uma das cartas do teólogo Alfred Roe à sua esposa, Emma, durante a guerra civil americana, os momentos de prazer vividos junto a ela são relembrados, reafirmados e legitimados pela alegação da pureza de seus sentimentos. Depois de lhe dizer que "não pode haver mal em relembrar como seu corpo me pareceu doce e macio nas noites em que você veio inteiramente nua para os meus braços", e de mencionar outras reminiscências igualmente eróticas, ele termina a carta relembrando "como é doce e precioso o amor conjugal verdadeiro e puro" (GAY, 1990, p. 117).

Além da evocação da pureza, que serve para encobrir a crueza dos desejos sexuais sob a capa da moralidade aceita, evoca-se também o ascetismo. Charles Kingsley, um clérigo inglês célebre por ter defendido, em 1840, a ideia de que no casamento "a união sexual é companheira da proximidade espiritual, o emblema do amor celestial" (GAY, 1990, p. 259), descreve em suas cartas à futura esposa todos os exercícios e mortificações ascéticas a que se submeteu para controlar o desejo que sentia por ela durante o período do noivado. Tal estratégia permitia a ambos se comprazerem em usufruir e antecipar, na imaginação, o momento em que esses anseios seriam satisfeitos. Após o casamento, coerentemente à sua crença de que seu leito conjugal era um altar, Charles Kingsley envia à esposa um desenho no qual "o casal está deitado, num amplo amplexo sexual, enlaçados um ao outro e a uma cruz, flutuando em uma onda suave num mar ensolarado" (GAY, 1990, p. 267).

A obsessão da burguesia vitoriana pelo erotismo é corroborada por Michel Foucault no primeiro volume de *A história da sexualidade*. Conforme ele procura demonstrar, o sexo, longe de ter sido desqualificado ou anulado pela burguesia, foi, bem ao contrário, o "elemento dela mesma que a inquietou e preocupou mais do que qualquer outro, que solicitou e obteve seus cuidados e que ela cultivou com uma mistura de terror, curiosidade, deleitação e febre" (1988, p. 117). Isso não significa que as imagens que se constroem da época vitoriana sejam totalmente falsas. Elas têm sua razão de ser. O mal-entendido advém, provavelmente, da desconsideração das estratégias montadas para criar espaço para as paixões sem abrir mão da aprovação social e divina. Tais estratégias, consideradas hipócritas por manterem, ao mesmo tempo, uma grande permissividade na vida íntima e um rigoroso decoro no que se refere a quaisquer alusões públicas à sexualidade, são hipócritas, também, por revestirem os desejos e os prazeres sexuais de intenções puras, ascéticas, celestiais e sagradas.[177] A associação entre a preocupação e ocupação obsessivas com a sexualidade e a superioridade moral torna-se bem mais compreensível quando se leva em conta a utilização da sexualidade como uma forma de afirmar a supremacia burguesa sobre as classes operárias ou camponesas. Não tendo como alegar a especificidade do seu próprio corpo pelo "sangue", ou seja, pela ascendência e pela aliança, como a nobreza, a burguesia afirmou sua superioridade através da valorização da sexualidade e da saúde de seu organismo: "o sangue da burguesia foi seu próprio sexo" (FOUCAULT, 1988, p. 117).

Com o fim da era vitoriana e o início da era de Freud, surge um novo tipo de retórica melodramática – que se tornou "um estereótipo da literatura autocrítica burguesa" – na qual a noiva, desinformada e apavorada, se defronta com a sexualidade de um marido insensível a seus temores (GAY, 1988, p. 210). A partir desse momento, a identidade social da burguesia "não se afirmará pela qualidade sexual do corpo, mas pela intensidade da sua repressão" (GAY, 1988, p. 121). Em vez de opor, "ao sangue valoroso dos nobres, seu próprio corpo e sua sexualidade preciosa" (FOUCAULT, 1988, p. 120), a burguesia passa a definir a sexualidade pela interdição. Em lugar de se preocupar obsessivamente com sua sexualidade, ela adquire "o privilégio de experimentar mais do que outros o que a interdita e de possuir o método que lhe permite eliminar o recalque" (FOUCAULT, 1988, p. 122). É, precisamente, nesse ponto que a psicanálise se inscreve.[178]

---

[177] Daí a fama dos burgueses dessa época de falarem uma coisa e fazerem outra, o que se aplica também a outras áreas da vida. A exploração econômica das classes operárias era disfarçada por discursos moralizantes sobre a caridade, a miséria era ignorada, a política colonial tida como benévola, e assim por diante.

[178] Freud atribui a atitude de alguns de seus pacientes, que sentiam prazer com mulheres que não amavam e tinham dificuldade em sentir o mesmo com suas esposas, a uma inibição bem frequente entre os homens de sua época. Em um artigo publicado em 1912, *Sobre a tendência universal à de-*

A arrogância burguesa na utilização do erotismo amoroso para afirmar a superioridade pessoal dos que o cultivam com uma devoção quase religiosa, típica da época vitoriana, aparece de uma maneira excepcional, mas nem por isso menos reveladora, no modo pelo qual Mabel Loomis Todd justifica seu adultério.

Sem ter a intenção de tratar da questão do amor adúltero de forma mais aprofundada, pretendo apenas mostrar, através da vida dessa mulher extraordinária, a aplicação da ideologia romântica ao amor adúltero, até então vivido através do código do amor cortês e do amor-paixão.

Domesticação do amor adúltero

Mabel Loomis nasceu em Washington em 1857. Bem-sucedida como escritora, oradora e editora, sociável, talentosa, ela tinha uma alegria contagiante e uma energia infatigável. Seu casamento, aos 21 anos, com David Todd, baseou-se no amor. Tomando como referência seu diário, no qual ela se comprazia em anotar detalhadamente sua vida erótica e as cartas escritas ao marido, pode-se constatar que, desde os primeiros dias do casamento, os prazeres sexuais do casal são um tema constantemente aludido. Nessas referências, como era usual na época, a associação entre o prazer sexual e os sentimentos celestiais, sagrados ou puros constituía um recurso habitual. Dois meses após o casamento, ela faz menção à "noite mais arrebatada e sagrada de todo nosso amor" (*apud* GAY, 1988, p. 68). Fazer amor, para eles, era um jogo que obedecia a certos rituais bem requintados. Os prazeres que sentiam nesses rituais amorosos, exercidos sem quaisquer inibições e descritos como sendo "um pouquinho de céu logo depois do jantar" (GAY, 1988, p. 69) eram tidos por ela como a prova do profundo amor que os unia. O termo "doces comunhões" era outro recurso utilizado para associar suas noites de amor a "algo superior quase celestial". Em uma das referências feitas ao amor do marido, enfatiza a sua pureza:

---

preciação na esfera do amor, ele observa que grande parte dos homens, "quando amam, não desejam, e quando desejam, não podem amar" (1969a, p. 166). Ampliando ainda mais sua generalização, ele acredita que tal dificuldade é universal na experiência humana, devido a uma forte fixação que todas as crianças têm por suas mães, associada à barreira do incesto e às frustrações daí decorrentes.

"seu amor por mim é tão apaixonado, e ao mesmo tempo tão puro" (GAY, 1988, p. 68). A fusão entre os prazeres sexuais e a respeitabilidade matrimonial manifestava-se também na expressão marido-amante com que ela o designava.

A gravidez, quando ocorreu, foi para ela algo desgastante, indesejável. Sua aflição perante a perspectiva de se tornar mãe proveio, em grande parte, da percepção de que, com a maternidade, ela se veria impelida a consagrar parte do tempo e da atenção que dedicava a si mesma e ao marido a uma criança. Ela afirma, sem nenhum constrangimento, que o amor materno não lhe era necessário, já o amor de esposa lhe era tão indispensável como o ar, a água e o alimento: "uma criança ou crianças serão meros acasos" (GAY, 1988, p. 72).

Em 1881, Mabel e David Todd mudam-se para Amherst, Massachusetts. Em Amherst,[179] Mabel tornou-se amiga dos Dickinson, a família mais preeminente da cidade. Foi ela a primeira pessoa a perceber a qualidade excepcional dos poemas de Emily Dickinson e a primeira a publicá-los. Com o passar do tempo, a amizade com Austin Dickinson, irmão de Emily, tesoureiro da Faculdade de Amherst e uma das figuras mais respeitáveis da cidade, transforma-se em amor, e eles se tornam amantes. Os encontros dos dois efetuavam-se na casa de Mabel, num quarto do pavimento superior. Essa relação adúltera e doméstica, que envolvia dissimulações complicadas e trabalhosas, era um segredo que todos conheciam, inclusive o marido, embora fingissem não saber. O relacionamento entre os dois amantes durou até a morte de Austin, em 1895.

Apesar de esse comportamento de Mabel ser excepcional e completamente inusitado, nem por isso era menos representativo das concepções e valores vigentes em sua época, principalmente quando se levam em conta, por um lado, a transferência dos sentimentos conjugais para o âmbito do relacionamento adúltero e, por outro, as razões por ela alegadas para justificar seu comportamento adúltero. Orgulhosa de si

---

[179] Parece-me relevante assinalar a existência de uma semelhança e de uma diferença entre os dois casos de adultério relatados: o praticado por Mabel, ocorrido nos Estados Unidos dos fins do século XIX, e o vivenciado por Alankaran, através da imaginação de um escritor indiano do século XX. A semelhança diz respeito ao fato de os maridos, ambos professores e astrônomos, terem tolerado a infidelidade das esposas. A diferença localiza-se no teor dramático do enredo centrado, no primeiro caso, no laço conjugal e na intimidade da vida a dois, e, no segundo, no laço filial.

mesma e de suas atitudes independentes – o convencionalismo parecia-
-lhe como algo propício apenas "para aqueles que não são bastante fortes
para fazerem suas próprias leis, nem bastante fortes para se conformarem
à grande lei maior, onde todas as harmonias se encontram" (GAY, 1988,
p. 78) – ela considerava seu adultério plenamente justificável. A seu ver,
quando "duas criaturas nobres se encontram através de toda confusão e
bruma que os homens lançam sobre a vida, e descobrem claramente que
um é o complemento perfeito do outro, têm a obrigação de causar o
menor dano possível a outras pessoas, mas sobretudo de seguir a clara luz
interior e a luz superior que os mostrou um ao outro, vivendo sua vida
conjunta em toda a plenitude" (GAY, 1988, p. 79). Essa doutrina, que ela
reconhece ser perigosa para as massas, era-lhe muito conveniente, por
permitir-lhe tratar com menosprezo aqueles que poderiam, de alguma
forma, atacá-la. A maneira pela qual Mabel desafiava as convenções era,
contudo, plenamente respeitável. O decoro, o segredo e a discrição em
público jamais eram esquecidos. Ela acreditava também que ter o amor
de um homem como Austin Dickinson era uma prova de que havia
algo de extraordinário nela: seu adultério era uma confirmação de
sua excepcionalidade. Usando eufemisticamente o termo amizade, ela
alega que sua amizade "a havia elevado a pináculos nunca imaginados
de espiritualidade" e lhe dado a possibilidade de degustar o néctar dos
deuses (GAY, 1988, p. 78). Ambos os homens, o marido-amante e o
amante-marido, "supriam sua fome de amor e admiração e davam-lhe
a sensação de expandir-se artística e espiritualmente, de uma espécie
superior de pureza" (GAY, 1988, p. 79).

As argumentações e justificativas apresentadas por Mabel a
respeito do relacionamento adúltero que mantinha com Austin
Dickinson não eram, certamente, nem poderiam ser, direcionadas
à opinião pública, pois essa fingia nada saber. Era sua própria consciência moral que elas visavam. A crença no valor intrínseco ao
amor,[180] em seu poder de legitimar e de purificar as deslealdades,
traições e transgressões adúlteras, remonta a uma longa tradição, que

---

[180] A aceitação do amor como válido, independentemente de considerações outras que não as concernentes a si próprio, traduz uma atitude comum a outras áreas, além da amorosa: "o amor romântico se desenvolveu no mesmo período que o conceito da arte pela arte, do conhecimento pelo conhecimento e dos negócios pelos negócios" (SINGER, 1992b, p. 34).

começa a se afirmar e consolidar no Ocidente a partir do século XII. Em outros contextos culturais, tais alegações seriam impensáveis. Alankaran, por exemplo, já mencionada anteriormente, incapaz de encontrar alguma alegação que pudesse justificar sua opção pelo adultério, ou seja, por uma vida de prazer (*kama*), dissociada da conduta moralmente correta (*dharma*), vê-se compelida a buscar sua redenção através de seu filho, a cujos pés procura queimar sua alma. Não tendo conseguido tal intento, ela se vê obrigada a se dirigir à cidade santa de Kashi, a fim obter sua salvação espiritual.

No decorrer do século XX, a hipocrisia, que pode ser considerada como "a homenagem que o vício presta à virtude" (LA ROCHEFOUCAULD, 1994, p. 48), vai sendo substituída, cada vez mais, pelo assumir, aberto e franco, de relacionamentos não convencionais. Seria possível explorar esses novos estilos de amar a partir da noção de domesticação? Caso a resposta seja positiva, quais seriam as ideologias amorosas que os sustentariam? Essas ideologias seriam, por sua vez, aplicáveis aos amores homossexuais? Por meio desse tipo de investigação, poder-se-ia apreender a forma pela qual a sexualidade, não mais acobertada sob a fachada do segredo, mas claramente assumida, valorizar-se-ia, enquanto o amor passaria a ser camuflado e a se sentir envergonhado? Estaria aí o motivo de cartas e poemas amorosos, antes tão frequentes, tornarem-se raros, quase uma excentricidade? A busca pela autorrealização pessoal através do amor seria sobrepujada pela busca do prazer pelo prazer? Estaria essa busca relacionada a um individualismo narcisista? As relações amorosas, daí provindas, estariam a serviço de uma ordenação da vida social cujo alcance ainda nos escapa?

Acredito que tais questões, entre outras, possibilitam a abertura de novos campos de pesquisa, nos quais a noção de *domesticação*, desenvolvida no decorrer deste trabalho, pode ser utilizada como o fio condutor de um enfoque que se recusa a dissociar os relacionamentos erótico-amorosos dos contextos que os forjaram dos valores que os sustentam e das concepções de vida que os modelam.

Referências

ABÉLARD. (1136). *Historia calamitatum: texte critique avec une introduction.* Paris: Librairie Philosophique, 1959.

ABREU FILHO, Ovídio de. Dona Beja: análise de um mito. In: FRANCHETTO, Bruna et al. *Perspectivas antropológicas da mulher.* Rio de Janeiro: Zahar, 1983. v. 3. p. 76-107.

ABREU FILHO, Ovídio de. Parentesco e identidade social. In: ANUÁRIO antropológico 80. Fortaleza: Universidade Federal do Ceará; Rio de Janeiro: Tempo Brasileiro, 1982. p. 95-118.

ALMEIDA, Ângela Mendes. *O gosto do pecado: casamento e sexualidade nos manuais de confessores dos séculos XVI e XVII.* Rio de Janeiro: Rocco, 1993.

ANÔNIMO. *As mil e uma noites: damas insignes e servidores galantes.* Tradução de Rolando Roque da Silva. São Paulo: Brasiliense, 1991.

ANÔNIMO. *Bhagavad Gita: a sublime canção.* 11. ed. ilust. Tradução e notas de Huberto Rohden. São Paulo: Martin Claret, 1990.

ANÔNIMO. *O Mahabharata.* 3. ed. Adaptação dos manuscritos originais e apresentação de Jean-Claude Carriére. São Paulo: Brasiliense, 1993.

APPEL, George; MADAN, Triloki Nath (Org.). *Choice and Morality in Anthropological Perspective: Essays in Honor of Derek Freeman.* Albany: State University of New York Press, 1988.

ARCHER, William George. Prefácio. In: VATSYAYANA, Mallanaga. *Kama Sutra.* Tradução da versão clássica de Richard Burton e Fitzgerald F. Arbuthnot. Rio de Janeiro: Jorge Zahar, 1993. p. 9-30.

ARIÈS, Philippe. Amor no casamento. In: ARIÈS, Philippe; BEJIN, André (Org.). *Sexualidades ocidentais: contribuições para a história e para a sociologia da sexualidade.* 2. ed. São Paulo: Brasiliense, 1986. p. 153-162.

ARIÈS, Philippe; BEJIN, André (Org.). *Sexualidades ocidentais: contribuições para a história e para a sociologia da sexualidade*. 2. ed. São Paulo: Brasiliense, 1986.

ARMSTRONG, Nancy. *Deseo y ficción doméstica: una historia política de la novela*. Madrid: Cátedra, 1991.

BADINTER, Elisabeth. *Um amor conquistado: o mito do amor materno*. Rio de Janeiro: Nova Fronteira, 1985.

BAIG, Tara Ali. *Indian's Woman Power*. New Delhi: S. Chand, 1976.

BASSANEZI, Carla. Revistas femininas e o ideal de felicidade conjugal (1945-1960). *Cadernos Pagu*. De Trajetórias e Sentimentos, Campinas, n. 1, p. 111-148, 1993.

BASTIDE, Roger. *El sueño, el trance y la locura*. Buenos Aires: Amorrortu, 1976.

BAUMGARTNER, Emmanuèle. *Tristan et Iseut: de la légende aux récits en vers*. 3. ed. Études litteraires. Paris: Presses Universitaire de France, 1993.

BÉDIER, Joseph. *Le roman de Tristan e Iseut* (na tradução de Afrânio Peixoto, intitulada de *Tristão & Iseu*). Rio de Janeiro: W. M. Jackson, 1947.

BÉDIER, Joseph. *O romance de Tristão e Isolda*. Tradução de Luis Cláudio de Castro e Costa. São Paulo: Martins Fontes, 1988.

BÉJAR, Helena Merino. *El ámbito íntimo: privacidad, individualismo y modernidad*. Madrid: Alianza, 1988.

BERNDT, Ronald Murray. *The Love Songs of Arnhem Land*. Chicago: University of Chicago Press, 1976.

BETEILLE, André; MADAN, Triloki Nath (Org.). *Encounter and Experience: Personal Accounts of Fieldwork*. New Delhi: Vikas Publishing House, 1975.

BIARDEAU, Madeleine. *Hinduism: the Anthropology of a Civilization*. New Delhi; Oxford: Oxford University Press, 1989. (French Studies in South Asian Culture and Society, 3).

BRUSCHINI, Cristina; COSTA, Albertina de Oliveira. (Org.). *Entre a virtude e o pecado*. Rio de Janeiro: Editora Rosa dos Tempos, 1992.

BURBANK, Victoria. Passion as Politics: Romantic Love in an Australian Aboriginal Community. In: AMERICAN ANTHROPOLOGICAL ASSOCIATION MEETINGS: The Anthropology of Romantic Passion, 1992, San Francisco. Mimeografado.

CARDOSO, Sérgio et al. *Os sentidos da paixão*. São Paulo: Companhia das Letras; Funarte, 1993.

CARRITHERS, Michael et al. (Org.). *The Category of the Person*. Cambridge: Cambridge University Press, 1991.

CHATTERJI, Shoma. *The Indian Women's Search for an Identity*. New Delhi: Vikas, 1988.

CHITNIS, Suma. Feminism: Indian Ethos and Indian Convictions. In: GHADIALLY, Rehana (Org.). *Women in Indian Society*. New Delhi; Newbury; London: Sage, 1988. p. 91-95.

CLIFFORD, James (Org.). *Writing Culture: the Poetics and Politics of Ethnography*. California: University of California Press, 1986.

CORRÊA, Marisa. *Morte em família*. Rio de Janeiro: Graal, 1983.

DA MATTA, Roberto. A obra literária como etnografia: notas sobre as relações entre literatura e antropologia. In: *Conta de mentiroso: sete ensaios de antropologia brasileira*. Rio de Janeiro: Rocco, 1994. p. 35-58.

DA MATTA, Roberto. Mulher – Dona Flor e seus dois maridos: um romance relacional. In: *A casa e a rua: espaço, cidadania, mulher e morte no Brasil*. São Paulo: Brasiliense, 1985. p. 103-141.

DA MATTA, Roberto. Pedro Malasartes e os paradoxos da malandragem. In: *Carnavais, malandros e heróis: para uma sociologia do dilema brasileiro*. Rio de Janeiro: Zahar, 1978. p. 194-235.

DA MATTA, Roberto. Poe e Lévi-Strauss no campanário: ou, a obra literária como etnografia. In: *Ensaios de antropologia estrutural*. Petrópolis: Vozes, 1973. p. 129-145.

DAS, Veena. Indian Women: Work, Power and Status. In: NANDA, Bal Ram (Org.). *Indian Women: from Purdah to Modernity*. New Delhi: Vikas Publishing House, 1976. p. 183-203.

DAS, Veena. Kama in the Scheme of Purusarthas: the Story of Rama. In: MADAN, Triloki Nath (Org.). *Way of Life: King, Householder, Renouncer – Essays in Honour of Louis Dumont*. New Delhi: Vikas; Paris: Editions de la Maison de l'Homme, 1982. p. 183-203.

DELUMEAU, Jean. *A história do medo no Ocidente*. São Paulo: Companhia das Letras, 1990.

DESAI, Neera; KRISHNARAJ, Maithereyi. *Women and Society in INDIA*. New Delhi: Ajanta Publications, 1990.

DEVEREUX, Georges. *Etnopsicoanálisis complementarista*. Buenos Aires: Amorrortu, 1975.

DHRUVARAJAN, Vanaja. *Hindu Women & the Power of Ideology*. Granby, MA: Bergin & Garvey, 1989.

DÓRIA, Carlos Alberto. A tradição honrada. *Cadernos Pagu*. Sedução, tradição e transgressão, n. 2, p. 47-111, 1994.

DUBY, Georges. *Idade média, idade dos homens: do amor e outros ensaios*. São Paulo: Companhia das Letras, 1989.

DUMONT, Louis. A Modified View of our Origins: the Christian Beginnings of Modern Individualism. In: CARRITHERS, Michael; Collins, Steven; Lukes, Steven (Orgs.). *The Category of the Person: Anthropology, Philosophy, History*. Cambridge: Cambridge University Press, 1991. p. 93-122.

DUMONT, Louis. *Homo aequalis: genese et panouissement de l'ideologie economique*. Paris: Gallimard, 1977.

DUMONT, Louis. *Homo hierarchicus: o sistema das castas e suas implicações*. São Paulo: EDUSP, 1992.

DUMONT, Louis. *La civilización india y nosotros*. Madrid: Alianza, 1989.

DUMONT, Louis. *O individualismo: uma perspectiva antropológica da ideologia moderna*. Rio de Janeiro: Rocco, 1985.

EGNOR, Margaret. On the Meaning of Sakti to Women in Tamil Nadu. In: WADLEY, Susan Snow (Org.). *The Powers of Tamil Women*. New York: Syracuse University (South Asian Series, 6), 1980. p. 1-34.

ELIADE, Mircea. *História das crenças e das idéias religiosas: de Maomé à idade das reformas*. Rio de Janeiro: Zahar, 1983. t. 3.

EVANS-PRITCHARD, Edward Evan. *Antropologia social*. São Paulo: Livraria Martins Fontes, 1978a.

EVANS-PRITCHARD, Edward Evan. *Bruxaria, oráculos e magia entre os Azande*. Rio de Janeiro: Zahar, 1978b.

EVANS-PRITCHARD, Edward Evan. *La femme dans les societes primitives – et autres essais d'anthropologie sociale*. Paris: Presses Universitaires de France, 1971.

FISHER, Helen. The four-year itch. *Natural History*, n. 10, p. 12-16, 1987.

FLANDRIN, Jean-Louis. A vida sexual dos casados na sociedade antiga: da doutrina da igreja à realidade dos comportamentos. In: ARIÉS, Philippe; BÉJIN, Andre (Org.). *Sexualidades ocidentais: contribuições para a história e para a sociologia da sexualidade*. 2. ed. São Paulo: Brasiliense, 1986. p. 135-152.

FLANDRIN, Jean-Louis. *Familles: parenté, maison, sexualité dans l'ancienne société*. Paris: Seuil, 1984.

FLAUBERT, Gustave. (1857). *Madame Bovary*. São Paulo: Abril Cultural, 1971.

FOUCAULT, Michel. *História da sexualidade: a vontade de saber*. 9. ed. Rio de Janeiro: Graal, 1988.

FREUD, Sigmund. *A negativa*. Rio de Janeiro: Imago, 1969b. (Edição Standard Brasileira das Obras Psicológicas Completas de Sigmund Freud, v. XIX).

FREUD, Sigmund. *Die Verneunung (La denegation)*. Paris: Le Coq-Heron, 1982.

FREUD, Sigmund. *Sobre a tendência universal à depreciação na esfera do amor (Contribuição à psicologia do amor II)*. Rio de Janeiro: Imago, 1969a. (Edição Standard Brasileira das obras psicológicas completas de Sigmund Freud, v. XI).

GALEY, Jean-Claude (Org.). *Différences, valeurs, hierarchie: textes offerts à Louis Dumont*. Paris: Éditions de l'École des Hautes Études en Sciences Sociales, 1984.

GALLIS, P. *Genèse du roman occidental: essais sur "Tristan et Iseut" e son modèle persan*. Paris: Sirac, 1974.

GANDHI, Mohandas Karamchand. *Gandhi: minha vida e minhas experiências com a verdade*. 3. ed. Rio de Janeiro: O Cruzeiro, 1971.

GANDHI, Mohandas Karamchand. *Women and Social Injustice*. Ahmedabad: Navajivan Publishing House, 1942.

GANDHI, Mohandas Karamchand. Women as the Stronger Sex. In: *Women and Social Injustice*. Ahmedabad: Navajivan Publishing House, 1942. p. 251.

GANDHI, Ramchandra. Branmacarya. In: MADAN, Triloki Nath (Org.). *Way of Life: King, Householder, Renouncer – Essays in Honour of Louis Dumont*. New Delhi: Vikas; Paris: Editions de la Maison de l'Homme, 1982. p. 205-221.

GAUCHET, Marcel; SWAIN, Gladys. *La pratique de l'esprit humain: l'instituition asilaire et la révolution démocratique*. Paris: Gallimard, 1981.

GAY, Peter. *A experiência burguesa da rainha Vitória a Freud: a educação dos sentidos*. São Paulo: Companhia das Letras, 1988. v. 1.

GAY, Peter. *A experiência burguesa da rainha Vitória a Freud: a paixão terna*. São Paulo: Companhia das Letras, 1990. v. 2.

GELPKE, Rudolf. Postscript. In: NIZAMI. *The Story of Layla and Majnun*. Tradução de Rudolf Gelpke, publicado por Bruno Cassirer. London: Faber and Faber, 1966.

GHADIALLY, Rehana (Org.). Introduction. In: *Women in Indian Society*. New Delhi; Newbury; London: Sage, 1988. p. 13-19.

GHADIALLY, Rehana (Org.). *Women in Indian Society*. New Delhi; Newbury; London: Sage, 1988.

GIDDENS, Anthony. *A transformação da intimidade: sexualidade, amor e erotismo nas sociedades modernas*. São Paulo: UNESP, 1993.

GILMORE, David D. Men and Women in Southern Spain: Domestic Power Revisited. *American Anthropologist*, n. 92, p. 953-70, 1990.

GILSON, Étienne. *Héloise et Abélard*. Paris: Vrin, 1938.

GOETHE, Johann Wolfang von. *Afinidades eletivas*. Rio de Janeiro: Ediouro, 1985.

GOETHE, Johann Wolfang von. *Os sofrimentos do jovem Werther*. São Paulo: Estação Liberdade, 1999.

GOODE, William Josiah. Communications. *American Sociological Review*, v. 24, n. 4, p. 540-543, 1959b.

GOODE, William Josiah. The Theoretical Importance of Love. *American Sociological Review*, v. 24, n. 1, p. 38-47, 1959a.

GOODY, Jack. Amor roubado: os europeus reivindicam as emoções. In: *O roubo da história: como os europeus se apropriaram das ideias e invenções do Oriente*. São Paulo: Contexto, 2008. p. 303-323.

HOLMES, Lowell D. *Quest for the Real Samoa: the Mead/Freeman Controversy & Beyond*. Postscript by Eleanor Leacock. Granby, MA: Bergin & Garvey, 1987.

HSU, Francis L. K. *Americans and Chinese: Passage to Difference*. Honolulu: The Hawaii University Press, 1981.

IBN HAZM. Le collier de la colombe. *Cahiers du Sud*, n. 285, 1947.

INDEN, Ronald. Hierarchies of King in Medieval India. In: MADAN, Triloki Nath (Org.). *Way of Life: King, Householder, Renouncer — Essays in Honour of Louis Dumont*. New Delhi: Vikas; Paris: Editions de la Maison de l'Homme, 1982. p. 99-125.

JANAKIRAMAN, Thi. *The Sins of Appu's Mother*. Tradução de M. Krishnan. New Delhi: Hind Pocket Boks, 1972.

JANKOWIAK, William R. *Sex, Death, and Hierarchy in a Chinese City: an Anthropological Account*. New York: Columbia University Press, 1993.

JANKOWIAK, William R.; FISCHER, Edward F. A Cross-Cultural Perspective on Romantic Love. *Ethnology*, n. 31, p. 149-156, 1992.

JAYADEVA, Shri. *Gita Govinda: the Loves of Krshna & Radha*. Tradução do sânscrito e ilustrações de George Keyt. Bombay: Kutub, 1947.

KAKAR, Sudhir. Feminine Identity in India. In: GHADIALLY, Rehana (Org.). *Women in Indian Society*. New Delhi; Newbury; London: Sage, 1988. p. 44-68.

KAKAR, Sudhir. *Intimate Relations: Exploring Indian Sexuality*. Chicago: The University of Chicago Press, 1990.

KAKAR, Sudhir. *The Inner World: a Psycho-analytic Study of Childhood and Society in India*. New Delhi; Oxford: Oxford Universty Press, 1978.

KAKAR, Sudhir; ROSS, John Munder. *Tales of Love, Sex and Danger*. London; Sydney: Unwin Hyman, 1987.

KEYT, George. Translate Note. In: JAYADEVA, Shri. *Gita Govinda: the Loves of Krshna & Radha*. Tradução do sânscrito e ilustrações de George Keyt. Bombay: Kutub, 1947.

KINKEAD-WEEKS, Mark. *Samuel Richardson: Dramatic Novelist*. Ithaca, N.Y.: Cornell University Press, 1973.

KLEIN, Viola. *El caracter feminino: historia de una ideologia*. Buenos Aires: Paidos, 1971.

KRAMER, Heinrich; SPRENGER, James. (1484). *Malleus maleficarum: o martelo das feiticeiras*. Rio de Janeiro: Rosa dos Tempos, 1991.

KRISHNARAJ, Maithereyi (Org.). *Women's Studies in India*. Bombay: Popular Prakashan, 1986.

KRISTEVA, Julia. *Histórias de amor*. Rio de Janeiro: Paz e Terra, 1988.

KUMARI, Ranjana. *Brides are not for Burning: Dowry Victims in India*. New Delhi: Radiant, 1989.

KUPER, Adam. *Antropólogos e antropologia*. Rio de Janeiro: Livraria Francisco Alves, 1978.

KUROSAWA, Akira. *Um relato autobiográfico*. São Paulo: Companhia das Letras, 1990.

LA ROCHEFOUCAULD, François. (1665). *Máximas e reflexões*. Rio de Janeiro: Imago, 1994.

LACLOS, Choderlos de. (1782). *As relações perigosas*. São Paulo: Abril Cultural, 1971. (Os imortais da literatura universal).

LE BRETON, David. *As paixões ordinárias: antropologia das emoções*. Petrópolis: Vozes, 2009.

LE GOFF, Jacques. A recusa do prazer. In: *Amor e sexualidade no Ocidente*. Edição Especial da Revista *L'Histoire*. Porto Alegre: L&PM Editores, 1992. p. 150-162.

LEITES, Edmund. Pamela's Purity. In: GALEY, Jean-Claude (Org.). *Différences, valeurs, hierarchie: textes offerts a Louis Dumont*. Paris: Éditions de l'École des Hautes Études en Sciences Sociales, 1984. p. 235-252

LEVINE, Nancy. Perspective on Love: Morality and Affect in Nyinba Interpersonal Relationships. In: MAYER, Adrian C. (Org.). *Culture and Morality: Essays in Honour of Christoph von Furer-Haimendorf*. New Delhi; Oxford: Oxford University Press, 1981. p. 107-125.

LÉVI-STRAUSS, Claude. *Anthropologie structurale*. Paris: Plon, 1973.

LÉVI-STRAUSS, Claude. *As estruturas elementares do parentesco*. Petrópolis: Vozes; São Paulo: EDUSP, 1976a.

LÉVI-STRAUSS, Claude. *O pensamento selvagem*. São Paulo: Companhia Nacional, 1976b.

LIDDLE, Joanna; JOSHI, Rama. *Daughters of Independence: Gender, Caste and Class in India*. London: Zed Books; New Brunswick: Rutgers University Press, 1986.

LILI, Yuan (Org.). The Sacrificing Wife: Enlightened or Benighted? *Women of China*, International Book Trading Corporation (Guoji Shudian), n. 3, p. 22-24, 1987.

LINTON, Ralph. *Cultura e personalidade*. São Paulo: Mestre Jou, 1967.

LITTLE, Kenneth; PRICE, Anne. Some Trends in Modern Marriage Among West Africans. *Africa*, n. 37, p. 407-423, 1967.

LOPES, José Sérgio Leite. Relações de parentesco e de propriedade nos romances do ciclo da cana de José Lins do Rego. In: VELHO, Gilberto (Org.). *Arte e sociedade: ensaios de Sociologia da Arte*. Rio de Janeiro: Zahar, 1977. p. 64-87.

LUHMANN, Niklas. *El amor como pasión: la codificación de la intimidad*. Barcelona: Ediciones Península, 1985.

LUHMANN, Niklas. *O amor como paixão: para a codificação da intimidade*. Rio de Janeiro: Bertrand Brasil, 1991.

MACFARLANE, Alan. *História do casamento e do amor*. São Paulo: Schwarcz, 1990.

MADAN, Triloki Nath (Org.). *Way of Life: King, Householder, Renouncer – Essays in Honour of Louis Dumont*. New Delhi: Vikas; Paris: Editions de la Maison de l'Homme, 1982.

MADAN, Triloki Nath. *Family and Kinship: a Study of the Pandits of Rural Kashmir*. New Delhi; Oxford: Oxford University Press, 1989.

MADAN, Triloki Nath. Moral Choices: an Essay of the Unity of Ascetism and Erotism. In: MAYER, Adrian C. (Org.). *Culture and Morality: Essays in Honour of Christoph von Furer-Haimendorf*. New Delhi; Oxford: Oxford University Press, 1981. p. 127-152.

MADAN, Triloki Nath. The Hindu Woman at Home. In: NANDA, Bal Ram (Org.). *Indian Women: from Purdah to Modernity*. New Delhi: Vikas, 1976. p. 67-86

MADAN, Triloki Nath. The Ideology of the Householder among the Kashmiri Pandits. In: MADAN, Triloki Nath (Org.). *Way of Life: King, Householder, Renouncer – Essays in Honour of Louis Dumont*. New Delhi: Vikas; Paris: Editions de la Maison de l'Homme, 1982. p. 223-249.

MADAN, Triloki Nath. The Son as Savior: a Hindu View of Choice and Morality. In: APPEL, George; MADAN, Triloki Nath (Org.). *Choice and Morality in Anthropological Perspective: Essays in Honor of Derek Freeman*. Albany: State University of New York Press, 1988. p. 137-155.

MALAMOUD, Charles. On the Rhetoric and Semantics of Purusartha. In: MADAN, Triloki Nath (Org.). *Way of Life: King, Householder, Renouncer – Essays in Honour of Louis Dumont*. New Delhi: Vikas; Paris: Editions de la Maison de l'Homme, 1982. p. 33-54.

MALINOWSKI, Bronislaw. *A Diary in the Strict Sense of the Term*. London: Routledge & Kegan Paul, 1967.

MALINOWSKI, Bronislaw. *A vida sexual dos selvagens*. Rio de Janeiro: Francisco Alves, 1982.

MALINOWSKI, Bronislaw. *El cultivo de la tierra y los ritos agrícolas en las islas Trobriand. Parte 1: los jardines de coral y su magia*. Barcelona: Labor, 1977.

MALINOWSKI, Bronislaw. *Sexo e repressão na sociedade selvagem*. Petrópolis:Vozes, 1973.

MALUF, Sônia Weidner. Gênero, poder feminino e narrativas de bruxaria. In: BRUSCHINI, Cristina; COSTA, Albertina de Oliveira (Org.). *Entre a virtude e o pecado*. Rio de Janeiro: Editora Rosa dos Tempos, 1992. p. 191-112.

MANDEVILLE, Bernard. (1705). *La fable des abeilles: ou les vices privés font le bien public*. Tradução de L. P. Carrive. Paris:Vrin, 1974.

MAYER, Adrian C. (Org.). *Culture and Morality: Essays in Honour of Christoph von Furer-Haimendorf*. New Delhi; Oxford: Oxford University Press, 1981.

MAZUNDAR, Vina (Org.). *Symbols of Power: Studies on the Political Status of Women in India*. Bombay: Allied Publishers, 1979.

MEAD, Margaret. *Adolescencia y cultura en Samoa*. Buenos Aires: Paidós, 1974.

MEAD, Margaret. *Sexo e temperamento*. São Paulo: Perspectiva, 1969.

MEYER, Johann Jacob. *Sexual Life in Ancient India: a Study in the Comparative History of Indian Culture*. New York: Barnes & Noble, 1953.

MONTAIGNE, Michel. (1588). *Essais. Livre III*. Paris: Garnier-Flammarion, 1979.

MORGAN, Lewis H. *A sociedade primitiva*. 2. ed. Lisboa: Presença; São Paulo: Martins Fontes, 1980. v. 2.

MURDOCK, George; WHITE, Douglas. Standard Cross-Cultural Sample. *Ethnology*, v. 8, p. 329-69, 1969.

NAKANE, Chie. Fieldwork in India: a Japanese Experience. In: BETEILLE, André; MADAN, Triloki Nath (Org.). *Encounter and Experience: Personal Accounts of Fieldwork*. New Delhi:Vikas, 1975. p. 13-25.

NANDA, Bal Ram (Org.). *Indian Women: from Purdah to Modernity*. New Delhi: Vikas, 1976.

NANDY, Ashis (Org.). *At the Edge of Psychology: Essays in Politics and Culture*. New Delhi; Oxford: Oxford University Press, 1980.

NANDY, Ashis. Final Encounter: the Politics of the Assassination of Gandhi. In: NANDY, Ashis (Org.). *At the Edge of Psychology: Essays in Politics and Culture*. New Delhi; Oxford: Oxford University Press, 1980. p. 80-97.

NANDY, Ashis. *The Intimate Enemy: Loss and Recovery of Self under Colonialism*. New Delhi / Oxford: Oxford University Press, 1983.

NANDY, Ashis. Woman versus Womanliness in India: an Essay in Social and Political Psychology. In: GHADIALLY, Rehana (Org.). *Women in Indian Society*. New Delhi; Newbury; London: Sage Publications, 1988. p. 69-80.

NELLI, René. *L'amour et les mythes du coeur: le corps feminin et l'imaginaire*. Paris: Hachette, 1975.

NELLI, René. *L'Érotique des troubadours*. Toulouse: Privat, 1963.

NIZAMI. (1188). *The Story of Layla and Majnun*. Tradução de Rudolf Gelpke, publicado por Bruno Cassirer. London: Faber and Faber, 1966.

PALUCH, Andrzej. The Polish Background to Malinowski Work. *MAN (The Journal of the Royal Anthropological Institute)*, v. 16, p. 276-285, 1981.

PANIKKAR, K. Madhu. Introdução. In: VATSYAYANA, Mallanaga. *Kama Sutra* (segundo a versão clássica de Richard Burton e Fitzgerald F. Arbuthnot). Rio de Janeiro: Jorge Zahar, 1993. p. 31-63.

PELLEGRINO, Hélio. Instituição, linguagem e liberdade. In: *A burrice do demônio*. Rio de Janeiro: Rocco, 1989. p. 15-18.

PENNAFORT, Onestaldo de. Introdução. In: SHAKESPEARE, William. *Romeu e Julieta*. Rio de Janeiro: Edição do Ministério da Educação e Saúde, 1940. p. 11-15.

PERISTIANY, John G. (Org.). *Honra e vergonha: valores das sociedades mediterrâneas*. 2. ed. Lisboa: Fundação Calouste Gulbenkian, 1988.

PESSANHA, José Américo. Platão: as várias faces do amor. In: CARDOSO, Sérgio *et al*. *Os sentidos da paixão*. São Paulo: Companhia das Letras; Funarte, 1993. p. 77-103.

POWDERMAKER, Hortense. *Stranger and Friends: the way of an anthropologist*. New York; London: Norton & Company, 1966.

PRADO, Rosane Manhães. Um ideal de mulher: um estudo dos romances de M. Delly. In: In: FRANCHETTO, Bruna *et al*. *Perspectivas antropológicas da mulher*. Rio de Janeiro: Zahar, 1981. v. 2. p. 71-112.

RADCLIFFE-BROWN, Alfred Reginald; FORDE, Daryel. *Sistemas políticos africanos de parentesco e casamento*. Lisboa: Fundação Calouste Gulbenkian, 1974.

REYNOLDS, Holly Baker. The Auspicious Married Woman. In: WADLEY, Susan Snow (Org.). *The Powers of Tamil Women*. New York: Syracuse University Press, 1980. p. 35-59. (South Asian Series, 6).

RIBEIRO, Renato Janine. A paixão revolucionária e a paixão amorosa em Stendhal. In: CARDOSO, Sérgio *et al*. (Org.). *Os sentidos da paixão*. São Paulo: Companhia das Letras; Funarte, 1993. p. 417-434.

RICHARDS, Jeffrey. *Sexo, desvio e danação: as minorias na Idade Média*. Rio de Janeiro: Jorge Zahar, 1993.

RICHARDSON, Samuel. (1740). *Pamela: or Virtue Rewarded*. Introdução por Mark Kinkead-Weekes. London: J. M. Dent & Sons; New York: E. P. Dutton, 1962. v. 1.

RICHARDSON, Samuel. (1741). *Pamela: or Virtue Rewarded*. Introdução por George Saintsbury. London: J. M. Dent & Sons; New York: E. P. Dutton, 1961. v. 2.

ROUGEMONT, Denis de. *O amor e o Ocidente*. Rio de Janeiro: Guanabara, 1988.

ROY, Manisha. *Bengali Women*. Chicago; London: The Chicago University Press, 1975.

ROY, Manisha. The Concepts of Feminility and Liberation in the Context of Changing Sex Roles: Women in Modern India and America. In: GHADIALLY, Rehana (Org.). *Women in Indian Society*. New Delhi; Newbury; London: Sage, 1988. p. 136-147.

SAHLINS, Marshall. *Ilhas da história*. Rio de Janeiro: Jorge Zahar, 1990.

SALEN, Tânia. O casal igualitário: princípios e impasses. *Revista Brasileira de Ciências Sociais da ANPOCS*, Rio de Janeiro, v. 9, p. 24-37, 1990.

SALEN, Tânia. A despossessão subjetiva: dos paradoxos do individualismo. *Revista Brasileira de Ciências Sociais da ANPOCS*, Rio de Janeiro, v. 18, p. 62-77, 1992.

SARAN, Awadh Kishore. Review of Contributions to Indian Sociology. *The Eastern Anthropologist*, v. 15, n. 1, p. 53-68, 1962.

SARSBY, Jacqueline. *Romantic Love and Society*. London: Penguin Books, 1983.

SARTRE, Jean-Paul. O existencialismo é um humanismo. In: *Sartre*. São Paulo: Abril Cultural, 1978a. (Os Pensadores).

SARTRE, Jean-Paul. Denis de Rougemont: l'amour et le Occident. In: *Situations I: essais critiques*. Paris: Gallimard, 1978b.

SARTRE, Jean-Paul. *O ser e o nada: ensaio de ontologia fenomenológica*. Petrópolis: Vozes, 1997.

SEED, Patrícia. Narrativas de Don Juan: a linguagem da sedução na literatura e na sociedade hispânica do século dezessete. *Cadernos Pagu*. Sedução, Tradição e Transgressão, Campinas, n. 2, p. 7-45, 1994.

SELWYN, Tom. Images of Reproduction: an Analysis of a Hindu Marriage Ceremony. *MAN (The Journal of the Royal Anthropological Institute)*, n. 20, p. 683-698, 1985.

SHAH, K. J. Of Artha and the *Arthasastra*. In: MADAN, Triloki Nath (Org.). *Way of Life: King, Householder, Renouncer – Essays in Honour of Louis Dumont*. New Delhi: Vikas; Paris: Editions de la Maison de l'Homme, 1982. p. 55-73.

SHAKESPEARE, William. (1597). *Romeu e Julieta*. Tradução de Onestaldo de Pennafort, segundo o texto da edição inglesa Arden. Rio de Janeiro: Edição do Ministério da Educação e Saúde, 1940.

SHARMA, Ursula. *Women's Work, Class, and the Urban Household: a Study of Shimla, North India*. London; New York: Tavistock, 1986.

SHASTRI, Hari Prasad. *Ramayana of Valmiqui*: Ayodhyakanda. London: Shantisadan, 1962. v. 1.

SINGER, Irving. *La naturaleza del amor 2: cortesano y romántico*. Mexico: Siglo Veintiuno, 1992a.

SINGER, Irving. *La naturaleza del amor 3: el mundo moderno*. Mexico: Siglo Veintiuno, 1992b.

SRINIVAS, Mysore Narasimhachar. The Changing Position of Indian Women. *MAN (The Journal of the Royal Anthropological Institute)*, n. 12, p. 221-38, 1977.

STENDHAL. (1822). *Do amor*. São Paulo: Martins Fontes, 1993.

STRATHERN, Marilyn. *After Nature: English Kinship in the Late Twentieth Century*. Cambridge: Cambridge University Press, 1992.

STRATHERN, Marilyn. *The Gender of the Gift: Problems with Women and Problems with Society in Melanesia*. Berkeley; Los Angeles; London: University of California Press, 1987.

TAMBIAH, Stanley J. Bridewealth and Dowry Revisited: the Position of Women in sub-Saharan Africa and North India. *Current Anthropology*, v. 30, n. 4, p. 413-435, 1989.

THAPAR, Romila. Householders and Renouncers in the Brahmical and Buddhist Traditions. In: MADAN, Triloki Nath (Org.). *Way of Life: King, Householder, Renouncer – Essays in Honour of Louis Dumont*. New Delhi: Vikas; Paris: Editions de la Maison de l'Homme, 1982. p. 273-298.

THEVES, Pierre; THIS, Bernard. Tradução e comentários. In: FREUD, Sigmund. *Die Verneinung (La denegation)*. Paris: Le Coq-Heron, 1982.

TOCQUEVILLE, Alexis de. (1840). *A democracia na América*. São Paulo: EDUSP; Belo Horizonte: Itatiaia, 1987.

TOCQUEVILLE, Alexis de. (1856). *O antigo regime e a revolução*. São Paulo: Hucitec, 1989.

TOLSTOI, Leon. (1877). *Ana Karenina*. São Paulo: Abril Cultural, 1971. (Os imortais da Literatura Universal).

TOLSTOI, Liev. *Padre Sérgio*. São Paulo: Cosac & Naify, 2001.

TRUC, Gonzague. *La passion amoureuse en France*. Paris: Stock, Delamain & Boutelleau, 1942.

VALMIQUI. *O Ramayana* (adaptação de Artur Schwab). Tradução de Octávio Mendes Cajado. São Paulo: Paumape, 1993.

VALMIQUI. *O Ramayana* (recontado por William Buck). São Paulo: Cultrix, 1988.

VATSYAYANA, Mallanaga. *Kama Sutra* (segundo a versão clássica de Richard Burton e Fitzgerald F. Arbuthnot). Rio de Janeiro: Jorge Zahar, 1993.

VELHO, Gilberto (Org.). *Arte e sociedade: ensaios de sociologia da arte*. Rio de Janeiro: Zahar, 1977.

VILELA, Orlando. *O drama de Heloísa e Abelardo*. 3. ed. rev. aum. São Paulo: Loyola, 1989.

VIVEIROS DE CASTRO, Eduardo Batalha; ARAÚJO, Ricardo Benzaquen. Romeu e Julieta e a origem do Estado. In: VELHO, Gilberto (Org.). *Arte e sociedade: ensaios de sociologia da arte*. Rio de Janeiro: Zahar, 1977. p. 130-169.

WADLEY, Susan Snow. (Org.). *The Powers of Tamil Women*. New York: Syracuse University Press, 1980b. (South Asian Series, 6).

WADLEY, Susan Snow. Introdução. In: WADLEY, Susan Snow (Org.). *The Powers of Tamil Women*. New York: Syracuse University Press, 1980a. p. IX-XIX. (South Asian Series, 6).

WADLEY, Susan Snow. The Paradoxical Powers of Tamil Women. In: WADLEY, Susan Snow (Org.). *The Powers of Tamil Women*. New York: Syracuse University Press, 1980b. p. 153-167. (South Asian Series, 6).

WADLEY, Susan Snow. Women and the Hindu Tradition. In: GHADIALLY, Rehana (Org.). *Women in Indian Society*. New Delhi; Newbury; London: Sage, 1988. p. 23-43.

WEBER, Max. *Rejeições religiosas do mundo e suas direções*. São Paulo: Abril Cultural, 1985. (Os Pensadores).

WISNIK, José Miguel. A paixão dionisíaca em Tristão e Isolda. In: CARDOSO, Sérgio *et al*. *Os sentidos da paixão*. São Paulo: Companhia das Letras; Funarte, 1993.

WOLFRAM, Sybil. *In-laws and Out-laws: Kinship and Marriage in England*. London: Crom Helm, 1987.

ZIMMER, Heinrich. *Filosofias da Índia*. São Paulo: Palas, 1991.

Este livro foi composto com tipografia Bembo e impresso
em papel Pólen Bold 90 g na Formato Artes Gráfica.